春日由香 × 府川源一郎 × 長編の会

［編著］

小学校

読むことを楽しむ

言語活動

プラン

100

学年別
教材別
の索引で
探しやすい

東洋館出版社

はじめに

　小学校の国語教育でもっとも重要な柱は、「読むこと」の学習に関わる言語活動でしょう。というのも多くの子どもたちは、すでに小学校入学以前に、耳から話を聞くこと、口を使って話すことをほぼ習得しているからです。その上、文字を読んだり文章を音読したりすることもできるかもしれません。しかし、文字を正確に読んだり、文章からきちんとメッセージを受けとったり、さらには情景を思い描いたりするための方法や技術の修練は小学校に入ってからの学習が鍵になります。

　いうまでもないことですが、文章を「読むこと」によって子どもたちの世界は大きく広がります。まだ見たことのない異国の情報に触れることも、過ぎ去った時代の事件を知ることもできるでしょう。図書館で多くの書物を探したり、電子機器でデジタル情報を手に入れたりすることも可能でしょう。そのような「読むこと」の学習の中心となるのは、なんといっても国語科で展開される言語活動です。

　「読むこと」の学習指導をめぐっては、これまでにも優れた指導方法や指導技術が生み出され、今日まで引き継がれています。長編の会では、そうした国語教育の財産に学びながら、さらなる「読むことの学習」の改革を目指して、自主的で継続的な研究活動を 30 年近く続けてきました。

　ここにお届けする『小学校　読むことを楽しむ言語活動プラン 100』は、これまでの長編の会の研究成果を集大成し、使いやすさに磨きをかけた自信作です。どうぞ存分に活用して下さいますよう、お願い申し上げます。

長編の会・代表　府川源一郎

本書の活用にあたって

教材の出典について 「出典」の略記は、それぞれ下記出版社の教科書を表しています。
光村：光村図書 ／ 東書：東京書籍 ／ 教出：教育出版 ／ 学図：学校図書

言語活動の対象となる学年です。

各ページで紹介する活動名です。

右側のページで詳しく手順を紹介する教材です。

言語活動の概要です。

活動を通して付けたい力、取り入れたい場面、この言語活動にふさわしい教材の特徴をまとめています。

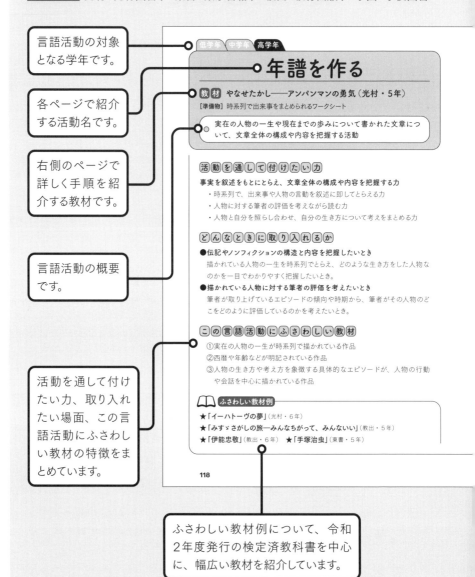

低学年　中学年　**高学年**

年譜を作る

教材 やなせたかし——アンパンマンの勇気（光村・5年）
[準備物] 時系列で出来事をまとめられるワークシート

実在の人物の一生や現在までの歩みについて書かれた文章について、文章全体の構成や内容を把握する活動

活動を通して付けたい力

事実を叙述をもとにとらえ、文章全体の構成や内容を把握する力
・時系列で、出来事や人物の言動を叙述に即してとらえる力
・人物に対する筆者の評価を考えながら読む力
・人物と自分を照らし合わせ、自分の生き方について考えをまとめる力

どんなときに取り入れるか

●**伝記やノンフィクションの構造と内容を把握したいとき**
描かれている人物の一生を時系列でとらえ、どのような生き方をした人物なのかを一目でわかりやすく把握したいとき。
●**描かれている人物に対する筆者の評価を考えたいとき**
筆者が取り上げているエピソードの傾向や時期から、筆者がその人物のどこをどのように評価しているのかを考えたいとき。

この言語活動にふさわしい教材

①実在の人物の一生が時系列で描かれている作品
②西暦や年齢などが明記されている作品
③人物の生き方や考え方を象徴する具体的なエピソードが、人物の行動や会話を中心に描かれている作品

ふさわしい教材例

★「イーハトーヴの夢」（光村・6年）
★「みすゞさがしの旅——みんなちがって、みんないい」（教出・5年）
★「伊能忠敬」（教出・6年）　★「手塚治虫」（東書・5年）

118

ふさわしい教材例について、令和2年度発行の検定済教科書を中心に、幅広い教材を紹介しています。

本書では、読むことを楽しむための言語活動100個を収録しています。各言語活動は、13の目的別に掲載され、巻末の索引を用いて学年別および教材別に言語活動を探すことができます。

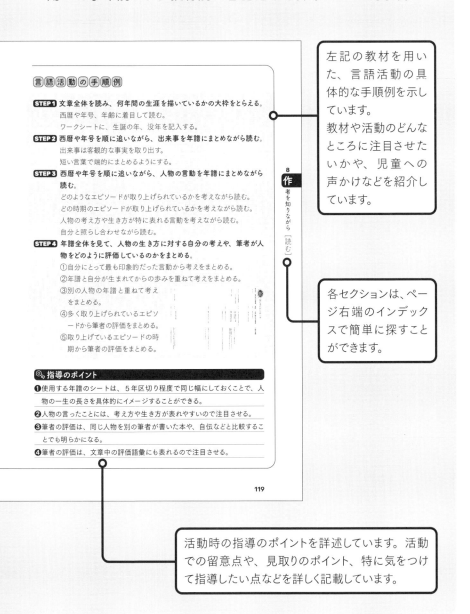

左記の教材を用いた、言語活動の具体的な手順例を示しています。
教材や活動のどんなところに注目させたいかや、児童への声かけなどを紹介しています。

各セクションは、ページ右端のインデックスで簡単に探すことができます。

言語活動の手順例

STEP.1 文章全体を読み、何年間の生涯を描いているかの大枠をとらえる。
西暦や年号、年齢に着目して読む。
ワークシートに、生誕の年、没年を記入する。

STEP.2 西暦や年号を順に追いながら、出来事を年譜にまとめながら読む。
出来事は客観的な事実を取り出す。
短い言葉で端的にまとめるようにする。

STEP.3 西暦や年号を順に追いながら、人物の言動を年譜にまとめながら読む。
どのようなエピソードが取り上げられているかを考えながら読む。
どの時期のエピソードが取り上げられているかを考えながら読む。
人物の考え方や生き方が特に表れる言動を考えながら読む。
自分と照らし合わせながら読む。

STEP.4 年譜全体を見て、人物の生き方に対する自分の考えや、筆者が人物をどのように評価しているのかをまとめる。
①自分にとって最も印象的だった言動から考えをまとめる。
②年譜と自分が生まれてからの歩みを重ねて考えをまとめる。
③別の人物の年譜と重ねて考えをまとめる。
④多く取り上げられているエピソードから筆者の評価をまとめる。
⑤取り上げているエピソードの時期から筆者の評価をまとめる。

指導のポイント
❶使用する年譜のシートは、5年区切り程度で同じ幅にしておくことで、人物の一生の長さを具体的にイメージすることができる。
❷人物の言ったことには、考え方や生き方が表れやすいので注目させる。
❸筆者の評価は、同じ人物を別の筆者が書いた本や、自伝などと比較することでも明らかになる。
❹筆者の評価は、文章中の評価語彙にも表れるので注目させる。

8
作
者を知りながら[読む]

119

活動時の指導のポイントを詳述しています。活動での留意点や、見取りのポイント、特に気をつけて指導したい点などを詳しく記載しています。

COLUMN

第 1 章

「読むことを楽しむ」とは

読むことを楽しむ国語の授業

○ 読むことを「楽しむ」？

　読むことは楽しい。そのような体験をさせることが、国語の授業の存在価値だろう。もし国語の授業で読むことが嫌いになったなどということがあるなら、それは本来の目的とは遠く離れている。国語の授業でこそ、読むことの様々な楽しさや多くの面白さを経験させたい。

　もちろん「読むことを楽しむ」と一言でいうものの、そこには多様な観点と位相とがある。

　たとえば、

・声に出して読むことの楽しさがある。一人で、数人で、大勢で。リレーで、声を合わせて、ずらして。大きな声で、小さな声で、ささやき声で。

・文や文章を読んで書き手の多様な思考や判断のありようを知る楽しさがある。推察、配慮、叡慮、深慮、熟考、瞑想、卓見、愚考、偏見、あるいは正邪、善悪、優劣、因果、寒暖、大小、遠近、軽重、前後、など。

・文章という複雑な構成体から、表現の仕組みを把握する楽しさがある。文体、主述、情調、論理、視点、構造、話体、口調、主題、論旨、構成、情景、比喩、イメージ、リズム、テンポ、など。

・文や文章を読んで、それを文字で書く楽しさがある。目で見て視写する、もとの文章を思い出して書く（暗写）、書き換える（部分的に、全面的に）。

・文章を進行形で読み進める楽しさがある。予想する、期待する、想像する、没入する、推理する、伏線に気がつく、予測が外れる、など。

＊

　この『読むことを楽しむ国語の授業』という本には、以上に挙げたような例を含めて、教材を楽しく読むための言語活動を満載してある。それら

を国語の授業の中に効果的に位置づけることによって、読むことの学習は
これまで以上に変化に富んだものになるはずだ。

○ 読むことの学習の目的

　とはいうものの、次のような異論が出るかもしれない。

　それは、「読むことの楽しさ」の体験を繰り返すだけでは、国語学習と
して不十分なのではないか、という意見だ。そもそも、「読むこと」の学
習は、書かれている内容をきちんと理解するために行うものである。学校
教育においては、素早く正確に文章の内容を理解する方法や技術を身につ
けさせる必要がある。また、学習者自身が自立した社会人として、豊かな
読書生活を送るための基盤を形成することも重要だ。こうしたことを学ば
せることが、国語学習における読むことの学習の最大の目的だろう。「楽
しさ」を前面に押し出すだけでは、文章に深く関わらないままの浅い読み
に留まるか、その時の気分にまかせた自分勝手な読みに終わってしまうの
ではないか。

　おっしゃる通りである。そうした考えに反論するつもりはまったくな
い。というより、本書で「読むことの楽しさ」をうたうのは、「きちんと
した内容の理解」「読みの技術や方法」「読書生活への発展」などの基本
的な国語科の教育内容を、一人ひとりの学習者に実感として着実に獲得さ
せたいからなのだ。

　「読むことの楽しさ」をことさらに強調するのは、それが個々の学習者
の内面に生まれる感情だからである。楽しいときには、心が騒ぐ。「そう
か」「なるほど」「へえー」などというつぶやきや、それに伴う身体的快感
が生まれる。あるいは、納得感、達成感、高揚感などの感情も湧いてくる。
そうした感情が動因になるからこそ、抽象的で観念的な「教育内容」も、
個々の学習者の内側に定着する。すなわち、「きちんとした内容理解」「読
みの技術や方法」「読書生活との連携」などの教育内容が学習者に獲得さ
れるには、そこで展開する言語活動が一人ひとりの生き生きとした感情に

支えられていることが必須条件なのだ。学習者が読むことに関わる言語活動自体を楽しいと感じているときには、間違いなく何らかの言語能力が獲得されている。

○ 教材研究の重要性

　もっとも、「読むことの楽しさ」の内実を規定するのは、学習者個人の感情や認識、あるいは言語活動だけではない。楽しいという感情や認識は、対象とするテキスト＝教材の文章に触れることによって産出される。教材が面白くなければ、学習者の「楽しさ」は生まれにくい。

　では、教材の「面白さ」とは何か。大方の場合、それは隠れている。隠れているから、すぐには気がつかない。あるいは、気がつきにくい。また、隠れっぱなしのまま見つけられないこともあるし、見つけたと思ったら空っぽだということもある。というのは、教材の「面白さ」とは、所与の実体ではなく、学習者と教材との葛藤の中に生まれる一回限りの出来事であり、両者との相互作用の間に明滅する現象だからだ。言い換えれば、教材の「面白さ」とは、あらかじめ用意してあるモノのようなものとは異なり、学習者が教材を読むことによって生まれる体験なのだ。

　そうだとすれば、そこで生まれる体験の「質」が問題になってくる。

　学習者と教材との交流の中では、様々な面白さの体験が生起する。比喩的に言うなら、ピカピカ光る面白さ、豪華にドーンと一発光る面白さ、パチパチと短時間でひっそりと消える面白さ、長時間不規則に光ったり消えたりする面白さ、全体的な姿や形の面白さ、ささやかな細部に宿る面白さ、予期したとおりの面白さ、思いもかけない面白さ、などなど。

　授業の中ではどのような面白さの体験も起こりうるが、教材の特性を考えると「ドーンと一発」が魅力的なものや、「ひっそりと消える」ところに妙味を覚えるものなどがある。つまり、それぞれの教材は、それぞれの教材ごとに特質を持っている。それを踏まえた上で、教材文が学習者にどのような質の体験を生み出す可能性があるのかを、事前に、あるいは事

中・事後に、よくよく考慮する必要がある。「教材研究」が重要であるゆえんである。

○ 言語活動を吟味する

　もちろん「教材の特質」は、固定されたものではない。また、教材と学習者との間に出現する様々な面白さの体験は、教師が事前に行う「教材研究」の予測通りに生起するわけでもない。教師が自分の「教材研究」の結果に固執して、学習者の内側に生まれた面白さの体験を見逃すこともよくあることだ。「教材研究」とは、それぞれの教材の特質に触れて生じる学習者の反応を、教材の文章の関係の中に位置づける作業だということを肝に銘じたい。

　基本的に「教材研究」は、学習に際してどのような言語活動を採用するのかを判断するためになされるものだ。学習者にとっては、言語活動が多彩に用意されていることが大事になる。そのことで、言語活動自体を楽しむことができるからである。したがって適切な言語活動を選定して、学習に組み入れることが、まずは重要な準備だろう。一方、その多彩な言語活動が、隠れていた教材の面白さを引き出す格好の回路になることにも留意したい。すなわち、言語活動は楽しさの目的であると同時にその手段でもあるのだ。この言語活動の持つ二面性を常に考慮しなければならない。

　さらに、読むことに関する言語活動は、学習者の社会参加への契機となり、自分自身のことばの生活を豊かにする鍵にもなる。そのため国語教師は、ことばの世界の広がりと奥深さを開拓する言語活動を工夫して学習活動として組織すべきだ。その結果、学習者自身が優れた言語活動を時と場合に応じて自分自身で適切に選択し、使用できるようになる。国語学習において楽しい言語活動を吟味して取り上げるのは、最終的にはそのような優れた言語生活者を育成するためなのである。

（府川　源一郎）

「国語の授業を創る楽しさ」を知る
―この本を手に取ったあなたへ―

○ この本を手に取った理由は何ですか?

　あなたは、本書『小学校　読むことを楽しむ言語活動プラン100』を、どんな理由で、手に取ったのだろう。「知っている言語活動が少ないので、どんな言語活動があるのか、詳しく知りたいと思ったから」「この教材にはどんな言語活動がふさわしいのかを知りたいから」「教室の子どもたちに、もっと言葉の力をつけたいから」「そもそも言語活動の指導方法を知らないから」など、様々な理由があるに違いない。ここでは、そんなあなたの思いや願いを柱にして、本書の活用方法について述べていきたい。

(1) 知っている言語活動が少ないというあなたへ

　そもそも、あなた自身が小学生だった時に、100もある言語活動のうちいくつを経験しただろうか。大半の人は、ほんの一部しか経験していないはずだ。知っている言語活動が少ないからといって、落胆する必要はない。まずは、この本の目次を眺めてほしい。「音読しながら読む　書きながら読む　描きながら読む……」と、言語活動の様式や特徴を柱として、章や節が立てられていることがわかるだろう。もし、「自分は描くことを主とした言語活動を知りたい」と思ったならば、その節(第3節)を読んでみてほしい。あなたが教室で実践したいと思える言語活動が、見つかるはずだ。それが、100もある言語活動を知るための、第一歩である。

(2) 言語活動を柱とした国語科授業の指導方法を知りたいあなたへ

　例えば「ペープサート劇」という言語活動の名称は知っているが、具体的な指導方法を知らないという場合、まず右ページから読んでほしい。「ペープサート劇」のページには、「学習計画の第1時からペープサート

を使用しながら、『お手紙』とその『シリーズ』を読んでいくための指導方法」が載っている。学習計画の内容（上欄）と指導のポイント（下欄）が具体的に示されているので、それを「児童の実態」に合わせて工夫し、アレンジしてほしい。このときに大切なことは、「目の前の児童の実態や学びの履歴から『つけたい力』を明確にしたうえで、指導方法（板書・ワークシート・グループワーク・発問・助言など）をイメージする」ということである。なお、左ページの上欄には、この言語活動で使用する物（ペープサートならば、紙や割りばしなど）、言語活動の定義、などを示している。活用してほしい。

⑶ 選んだ教材にふさわしい言語活動は何かを知りたいあなたへ

　教材は選んだ後に「この教材にはどんな言語活動がふさわしいだろうか」と悩むことがある。前述した「お手紙」を例に考えても「音読劇・ペープサート劇・続き話作り・お手紙を書く・並行読書……」と、様々な言語活動が想起されるだろう。このときに大切にしたいことも、あなたの教室で学ぶ児童の「学びの履歴（スタディ・ログ）・実態」である。1年生のときに、この学年の児童は「音読発表会」を経験しているのか？「図鑑作り」はやったことがあるのか？と、丁寧に確かめていくのだ。この教室の児童が苦手な活動は「長い文章を書くこと」だろうか？「相手意識をもって劇で自分を表現すること」だろうか？　このように、児童の「学びの履歴や実態」を確認することを通して、今、彼らにぜひ経験させたいと考える言語活動が見えてくる。そのときに忘れてはいけないことは、「教材と言語活動の特徴・様式が合っているか」ということの確認である。ぜひ、この確認作業の時に、本書を活用してほしい。本書は、「教材と言語活動の関連づけを明らかにする」ということを編集の柱としている。あなたが教材と言語活動の組み合わせに迷った時に、本書は頼りになるはずだ。また、先に言語活動を決定した場合は、左ページ上欄と下欄に記載されている教材名を見てみよう。教材を選んだ後ならば、本書の最後に付けた「索引（教材名）」を見てから、言語活動のページに戻るという読み方を勧めたい。

⑷ それぞれの言語活動によってどんな言葉の能力がつくのかを知り
　たいあなたへ

　言語活動は楽しい。教師も子どもも、その楽しさに夢中になる。そうす
るとその楽しさに囚われてしまい、本来この言語活動で「どんな言葉の力
がつくのか？」を確認することを忘れてしまうことがある。そんなとき、
この本の左側に書いてある「活動を通して付けたい力」を確かめてみよう。
　例えば「本のツリー作り」という言語活動がある。教材「プラタナスの
木」（光村・4年）を読んで、心に残った場面や登場人物について、自分
の意見を「ブックリーフ」に書いていく。その「リーフ」を最後に「本の
ツリー」に貼り付けてまとめる活動である。児童にとっては「ブックリー
フ」も「ブックツリー」も魅力的なアイテムだ。夢中になって楽しく取り
組める活動であるからこそ、その楽しさに流されず、この言語活動でどん
な言葉の力がつけることができるのかを明らかにする必要がある。ちなみ
に「本のツリー作り」で育まれる言葉の力は「登場人物の様子や気持ちを
想像して、感想や考えをもつ力」である。一人ひとりの学習者に、着実に
言葉の力を獲得させることの重要性を、ここで確認しておきたい。

⑸ 教材選択の可能性を広げたいあなたへ

　本書には、小学校国語科教科書に掲載されている教材だけでなく、子ど
もたちが図書館や本屋で手に取るであろう「絵本・読み物・小説」などが
紹介されている。目の前の児童の「読書生活の実態」と教科書掲載教材が
「合っていない」と感じたことはないだろうか。そもそも今の教室には、
教科書のような紙媒体ではなく、日常的にタブレット端末等を用いて漫画
や物語を読んでいる児童が存在するはずだ。読書行為の形態が変化してい
る今、紙媒体や国語教科書のみをテキストとしているだけでは、活発な言
語活動を展開していくことは困難になってきている。そうした現状を踏ま
えて、本書では国語教科書掲載教材以外の図書を提示している。本書 P.154
〜169 の言語活動「アニマシオン」で取り上げている本や、P.98「推理小
説ガイドブック」P.90「持ち物紹介カード」などの言語活動で扱う図書資
料を見てほしい。また、左ページ下欄に「ふさわしい教材例」として、そ

れぞれの言語活動に適していると思われる本や、読書の幅を広げるための図書資料を示してある。

⑹ 教室での学びに何かが足りない、児童に変容が見られない、と悩んでいるあなたへ

　児童と共に教室で学んでいるとき、ふと「この授業でよいのか」という不安がよぎることはないだろうか？　一見すると、児童たちは活発に言語活動を行っているようである。しかし、本当にこの国語科授業で、児童の「言葉の力」はついているのか？　この学びにおいて、児童は少しでも変容したのか？　日々、そうした「問い」をもって授業を振り返り、自己の課題と向き合っている教師は、一つでも多くの、豊富な授業実践事例、効果的な指導技術、言語活動を展開するときの手立てを知りたいと願っているのではないだろうか。本書は、そうした願いをもった教師にとって、役に立つ本である。

　目の前の児童が「読むことの楽しさ」に目覚めてほしい。彼らを、読書の世界にいざないたい。「読むこと」の世界の奥深さと広さを知ってほしい。仲間と「読み」の交流をする楽しさに、浸ってほしい。こうした願いを実現するために、まず、教師が100の言語活動を知ろう。その指導方法を体得し、児童の実態に応じてふさわしい言語活動を選択し、言葉の力をつける実践をしよう。「先生、ブックリーフをもっと書きたい！」と言ってくるときの、児童の笑顔を思い浮かべてみよう。国語科の授業について悩んでいた気持ちが軽くなったかのように感じられて、「この笑顔をもう一度見るために、もっと授業研究・教材研究をしたい」と思うのではないだろうか。100も言語活動を知っている。児童にその言語活動を指導することができる。国語の授業には生き生きと活動する児童の姿がある。そんな教室が実現したとき、あなたは、国語の授業を創る楽しさを知るに違いない。

（春日　由香）

第 **2** 章

読むことを楽しむ言語活動プラン100

音読発表会

教材 おとうとねずみチロ（東書・1年）

［準備物］役割ごとのお面やバッジ

> ○ 音読する箇所を複数人で分担し、物語文を登場人物の行動や場面の様子に着目しながら音声のみで表現する活動。また、その発表を聴き合う活動

活動を通して付けたい力

登場人物の行動や場面の様子を読み取り、工夫して音読する力

- 登場人物の気持ちの変化や性格、情報について、場面の移り変わりと結びつけて具体的に想像する力
- 語のまとまりや言葉の働きなどに気をつけて、音読する力

どんなときに取り入れるか

● **「はきはき」・「スラスラ」・「正確」に読む力を身につけたいとき**

漫然と音読させるのでなく、聞き手意識をもたせることで、児童は正しく音読すること（＝伝わること）の大切さに気づく。そのようにして練習することで音読する力がつく。

● **「読み深めたこと（解釈）」を自分なりの音読で表現する力をつけたいとき**

音声のみという制限によって、音声でどのように表現すると伝わるのか工夫する必然性が生まれてくる。

この言語活動にふさわしい教材

①登場人物の行動や会話、場面転換がはっきりしている作品
②登場人物の人数や会話文が多い作品
③オノマトペや人物の行動を表す言葉が多用されている作品

ふさわしい教材例

★「やくそく」（光村・1年）　　　★「サラダでげんき」（東書・1年）

★「きつねのおきゃくさま」（教出・学図・2年）

★「ニャーゴ」（東書・2年）　　　★「きつつきの商売」（光村・3年）

言語活動の手順例

STEP 1 音読発表会の種類や方法について知る。
- 他学年が行っている音読発表会の VTR を見たり、聞きに行ったりしてもよい。

STEP 2 音読発表会を行うためにどんなことが必要になるか整理して学習問題と取り上げ、考えていく。
（例）・登場人物の人数の確認
　　　・どの登場人物がどの会話文なのかの確認
　　　・場面の確認（場面の数とどこで場面が分かれているか）
　　　※誰に向けて発表会をひらくのかも確認するとよい。

STEP 3 音読発表会をもっと豊かにするための音読の工夫を考える。
- 文章の中の登場人物の行動や様子を表す言葉に注目して「声の大きさ」「強弱」「読む速さ」「間の取り方」などを工夫して音読する。
- 「おとうとねずみチロ」では、「3匹の会話」や「チロが山に呼びかけている様子」、「どんどん」の繰り返し表現に着目するとよいだろう。

STEP 4 グループに分かれて練習を行い、音読発表会を行う。
- 実際にタブレット端末を活用して自分たちの練習の様子を録音・録画して確認しながら練習してもよい。
- ベストグループを決めたり、「ベスト〇〇賞」を決めると意欲は増す。

STEP 5 音読発表会の振り返りを行う。
- 音読発表会を行ってどのような力がついたか振り返りを行う。

指導のポイント

　教師は音読発表会を行うこと自体が目的にならないように、ねらいと関連づけて指導する必要がある。音読発表会を行うことで、「登場人物の行動や様子」の大体が分かったり、豊かに想像したりできるようにしたい。そのために、**STEP 2** では構造と内容の把握ができるような学習問題を設定したい。そして、**STEP 3** では読み深めたことと音読の仕方をつなげるために、「〇〇はどう読むとよいか」とい学習問題を設定するとよい。

音読劇

教材 かさこじぞう（東書・教出・学図・2年）

[準備物] 画用紙、色画用紙、クレヨン等（動画利用の際はタブレット端末等）

○ 物語の音読をもとに、場面の様子や登場人物の気持ちを表現する活動

活動を通して付けたい力

物語の登場人物を音読で演じて、場面の様子や登場人物を表現する力

- ・場面の様子や登場人物の行動など、内容の大体をとらえる力
- ・文章の中の重要な語や文を考えて選び出す力
- ・場面の様子に着目して、登場人物の行動を具体的に想像する力

どんなときに取り入れるか

●同じジャンルの読書を広げたいとき

作品を並行読書する学習を設定して、「楽しんだり知識を得たりするために、本や文章を選んで読むこと」の力をつける。「かさこじぞう」を中心教材とし、他の昔話を数多く読み、好きな話を音読劇にして、昔話の世界を楽しむ。

●シリーズ作品の読書を楽しむとき

「スイミー」では、レオ・レオニの作品、「お手紙」ではシリーズ読書を楽しむとき。

この言語活動にふさわしい教材

①昔話では音や歌、踊りなどの動きのある作品
②昔話の語り口調を再現し、読みやすくテンポのよい作品
③登場人物の人数が多すぎない作品　④場面転換がわかりやすい作品

📖 **ふさわしい教材例**

★昔話『こぶとりじい』『へっこきよめさん』『ぶんぶくちゃがま』『三まいのおふだ』『ねずみのすもう』（くもん出版）

★「スイミー」（東書・教出・1年／光村・学図・2年）などのレオ・レオニ作品

言語活動の手順例

STEP1 昔話を音読劇にする方法を知る。

音読に部分ペープサート（紙人形）・紙芝居を入れた劇を見てイメージをもつ。⇒学校図書館の司書等と連携する。

STEP2 「かさこじぞう」劇場と題し全員で場面に分け場面ごとに台本を作る。

場面ごとに本文の余白に書き込みができるシートに、登場人物の様子や行動、会話に注意しながら台詞やト書きを書き込む。

5つのグループで各場面を担当し、音読劇表現活動を楽しむ。

全場面を合わせて一つにする。

STEP3 音読劇にするテキストを選び、グループを作る。

台本（ペープサート・背景など）を作る。

①学校司書による昔話のブックトークを聞いて、計画を立てる。

②各グループ毎に場面分けや登場人物の確認をする。

③ペープサート（紙人形）や背景を作り、音読練習をする（背景は簡単なものでもよい）。

STEP4 音読劇の練習をする。時に見合って声や動きの修正や工夫を考える。

背景となる場面（場所・時）を絵で、登場人物の行動を紙人形で、気持ちを声で表現することを確認する。

「もっとお話のよさが伝わる音読劇にしよう」「見せっこ」「伝えあいっこ」「まねっこ」と声をかける。

・声（大きさ・速さ）

・「　　」（台詞）の付け足し

・昔話風（あたたか・ゆっくり）

・ペープサートの動き

STEP5 音読劇発表会をする。

指導のポイント

❶昔話は、台本にしやすいシートを準備する。実態・学年段階に応じる。

❷動画に撮っておき、自ら見直したり、見せ合ったりすることも効果的である。

「ムービーシアター」として、タブレット端末利用を導入から展開してもよい。

❸学年内で協働できれば、各クラスで同じ作品で取り組み相互交流できる。

ペープサート劇

教材 お手紙（教出・1年／光村・東書・学図・2年）

[準備物] ペープサート用の画用紙、のり、色鉛筆

○ ペープサート人形の動きと会話をもとに、場面の様子や登場人物の気持ちを表現する活動

活動を通して付けたい力

登場人物の様子や気持ちを「小さな言葉」に着目して想像して読む力

- 動きを表す言葉に着目して、登場人物の行動を想像する力
- 気持ちを表す言葉に着目して、登場人物の気持ちを想像する力
- 様子を表す言葉に着目して、気持ちや行動を想像する力

どんなときに取り入れるか

●シリーズ読書をしたいとき

中心教材「お手紙」と同シリーズの作品を並行読書する学習を設定して、「楽しんだり知識を得たりするために、本や文章を選んで読むこと」の力をつけたいとき。

●登場人物の行動を中心に読んで、内容をとらえたいとき

①場面：背景を考える。　②登場人物の行動：ペープサートの動きを考える。

この言語活動にふさわしい教材

①登場人物の動きや会話、場面転換がはっきりしている作品
②登場人物の人数が多すぎない作品（2〜3人ほど）
③登場人物の気持ちを想像しやすい作品
④あらすじや作調が明るい作品

📖 ふさわしい教材例

- 「たぬきの糸車」（光村・1年）
- 「名前を見てちょうだい」（東書・2年）

言語活動の手順例

STEP1 ペープサート劇の種類や方法について知る。

実際のペープサート劇を見てイメージをもつ。

⇒学校図書館や地域の図書館と連携する。

STEP2 ペープサート劇にするテキストを選ぶ。

例① 「かえるくんとがまくん」のシリーズからお気に入りの話を選ぶ。

例② 他の動物が出てくる物語と並行読書し、「お手紙」と併せて選ぶ。

例③ 「ともだち」をテーマとして選んだ物語を読んで選ぶ。

STEP3 登場人物のペープサートの人形を作る。

表にうれしいときの顔、裏に悲しい時の顔を描くとよいことを、指導する。場面の叙述を捉えながら、背景に描くべきことを考える。（階段、ポスト、ベッド、窓、手紙など）顔の部分を空白にしたペープサートを用意しておくとよい。

STEP4 挿絵と結びつけながら、お話のあらすじをまとめる。

挿絵の並び替えをして、お手紙を待つ二人の挿絵の違いを確認する。

STEP5 ペアやグループで何度も声に出して読みながら、ペープサートの動きの工夫を考える。

ペープサート劇発表会をする。

指導のポイント

❶お気に入りのところ（場面・人物・登場人物の行動・会話など）やそのわけを確認しながら、ペープサート劇のセリフを考えるよう助言する。

❷音読（声の大きさ・読む速さ・間の取り方・声の明るさ）や動き（誰を見るか・何をするか（行動）・動きの速さ）の工夫を重点的に指導する。

❸並行読書をする場合は、シリーズの他のお話と重なる部分に着目するとよい。

役割演技

教材 うみへのながいたび（教出・1年）

[準備物] 役割演技をする登場人物のお面

○ 文章をもとに、人物になりきって動きや気持ちを表現する活動

活動を通して付けたい力

登場人物の様子や気持ちを表す言葉に着目して想像して読む力

- 動きを表す言葉に着目して、登場人物の行動を想像する力
- 気持ちを表す言葉に着目して、登場人物の気持ちを想像する力
- 様子を表す言葉に着目して、気持ちや行動を想像する力

どんなときに取り入れるか

●言葉に着目して、想像を広げて読ませたいとき

「動きを表す言葉」「気持ちを表す言葉」「様子を表す言葉」に着目して、人物の行動や気持ちを想像する力をつける。

●言葉のイメージを広げたいとき

友達の演技を通して着目した「動きを表す言葉」「気持ちを表す言葉」「様子を表す言葉」を自分の経験から別の言葉で言い換える力をつける。

この言語活動にふさわしい教材

①動きを表す言葉から人物の気持ちが想像しやすい作品
②気持ちを表す言葉がある作品
③様子を表す言葉から人物の気持ちが想像しやすい作品
④児童の経験から言い換えしやすい言葉が使われている作品

ふさわしい教材例

★「たぬきの糸車」（光村・1年）
★「かさこじぞう」（東書・教出・学図・2年）
★「スーホの白い馬」（光村・2年）
★「うみへのながいたび」（教出・1年）

言語活動の手順例

STEP 1 役割演技をする場面を選ぶ。

役割を決めて、実際に全体の前で演技する。

（かあさんぐま役とおすぐま役の二人が黒板の前に立つ）

STEP 2 役割演技をした場面を全員で音読する。

先ほどと同じ児童がもう一度演技をする。

STEP 3 最初の演技と二回目の演技を比べて、よくなったところを伝える。

・「よくなったところ」の伝え方（例）

例①「おすぐま役のたかし君が、横から出てきたところがよかった。」

　Ｔ「どうして横から出てくるとよいと思ったの？」

　Ｃ「だって、『ふいに』って感じがしたから」

　Ｔ「そこの文を皆で音読してみよう。」

例②「ははぐま役のさおりちゃんが、両手を広げて立ったのがよ
　　　かった。」

　Ｔ「どうして両手を広げて立つのがよいと思ったの？」

　Ｃ「だって、『おもいきって』って感じがしたから」

　Ｃ「『立ちふさがった』感じもした！」

　Ｔ「そこの文を皆で音読してみよう。」

STEP 4 別の児童が演技をする。よかったところを伝える。

（**STEP 3**のくり返し）

STEP 5 児童が着目した言葉を板書し、児童の言葉で書き換えてまとめる。

「ふいに」→「かあさんぐまはびっくりした」「とつぜん」

「おもいきって」→「どきどきしていた」「ゆうきをだして」

STEP 6 最初に選んだ場面をみんなで音読する。

指導のポイント

❶最初の演技と二回目の演技で変わったところに着目する。

❷変化した演技と着目した言葉とを結びつけられるように、教師が問い返
す。

❸着目した言葉を児童の言葉で言い換えて、その言葉のイメージをふくらま
せるように指導する。

変身自己紹介

教材 『エルマーのぼうけん』ルース・スタイルス・ガネット（福音館書店）

[準備物] 八つ切り白画用紙数枚、クレヨンなどの画材、はさみ

○ 教材の登場人物になりきって、大切だと考える台詞を述べたり、人物の動きをまねて演じたりしながら、物語の魅力を紹介する活動

活動を通して付けたい力

登場人物の行動や気持ち叙述をもとにとらえる力

・動きを表す言葉に着目して、登場人物の行動を想像する力

・気持ちを表す言葉に着目して、登場人物の気持ちを想像する力

・様子を表す言葉に着目して、気持ちや行動を想像する力

どんなときに取り入れるか

●**登場人物に同化する楽しさを知って、読書への意欲を高めたいとき**

登場人物になりきって演じる言語活動の楽しさを実感して、「もっといろいろな物語を読みたい」という読書への意欲が喚起する。

●**「お気に入りの場面」を見つけて読むことの楽しさを知ってほしいとき**

登場人物の姿を演じるために、教材を読み直す活動を通して、登場人物の行動の様子や気持ちについて、想像を広げて読むことができる。

この言語活動にふさわしい教材

① 登場人物の動きや会話、場面転換がはっきりしている作品

②登場人物の魅力がとらえやすい作品

③登場人物の持ち物や服装などに特徴があって、わかりやすい作品

④あらすじや作調が明るい作品

ふさわしい教材例

★「あらしの夜に」（学図・3年）、同シリーズ　木村裕一（講談社）

★「お手紙」（教出・1年／光村・東書・学図・2年）、『がまくんとかえるくん』シリーズ　アーノルド・ローベル（文化出版局）

言語活動の手順例

STEP 1 『エルマーのぼうけん』の登場人物の特徴をとらえて、グループの
仲間に紹介するという学びのめあてを知る。演じたい役を選ぶ。
登場人物の例❶エルマー❷とら❸さい❹ライオン❺ゴリラ

STEP 2 「エルマーの活発で明るい様子を紹介するためには、どんな場面
のどの台詞や動きに着目するべきか」という視点で教材を読み直す。
例：エルマーの服装（色や形）や持ち物（リュック・チューインガム・
輪ゴム一箱・黒いゴム長靴・磁石・くし・虫眼鏡・みかん等）を準
備する（持ち物は、画用紙に絵を描いて切り取った物でよい）。
例：役にふさわしい服装を準備する。

STEP 3 「変身自己紹介」の発表場面で、どんな
自己紹介の言葉を述べるとよいかを、教
材を読み直しながら考えて、ワークシー
トに記入する。

STEP 4 グループで、それぞれの人物になりきっ
て、「自己紹介」をする。
発表する際には、他のグループの声が聞
こえない場所を選んで、活動できるように
図書室や学習センターなどを活用するなどして、学校の実状に応じ
て場の設定を工夫する。

STEP 5 互いの「変身自己紹介」を見て「気づいたこと」「本についてもっと知り
たくなったこと」について感想交流をする。このときに「話す・聞く」で
はなく「読むこと」を中心に交流するように助言する。

🔍 指導のポイント

登場人物の魅力を具体的に紹介するために「どの場面か・どの動きか・ど
の台詞か・どんな気持ちか・行動や言葉の理由」などを考えながら、教材に
付箋やサイドラインをつけて書き込みをする方法を指示して、本文の記述に
戻る言語活動を大切にする。主人公（エルマー）を紹介したいと希望する児
童が多い場合は、グループ内で同じ人物を紹介してもよいことにする。

ドラマ教育① ティーチャー・イン・ロール

教材 かさこじぞう（東書・教出・学図・2年）

[準備物] 紙で作った囲炉裏、じいさま風のかつらなど、教材を再現するもの

○ 教師が登場人物「じいさま」を演じることを通して、児童は物語の世界に入り、場面の様子や登場人物の気持ちを具体的に想像する活動

活動を通して付けたい力

場面の様子に着目して、登場人物の行動を具体的に想像する力

- 教材を「読むこと」において、文章の内容と自分の体験とを結びつけて、感想をもつ力
- 教材を「読むこと」において、文章を読んで感じたことやわかったことを共有する力

どんなときに取り入れるか

● 積極的に読書に親しみ、役割を決めて、ドラマを演じようとする態度を育てたいとき

● 進んで、場面の様子や登場人物の行動など、内容の大体をとらえ、感想をもつ力を育てたいとき

この言語活動にふさわしい教材

①登場人物の動きや行動がはっきりとしていて、視覚化しやすい作品

②教師が演じることに適した「語り手」やストーリーを牽引する登場人物が、物語の中に存在する作品

③短い「ドラマ」にするのに適した「場面」がある作品

ふさわしい教材例

★「わにのおじいさんのたからもの」（教出・2年／学図・3年）
　教師がわに役になって、答える。

★「ずうっと、ずっと、大すきだよ」（光村・1年）
　教師が近所の人や母親になって「ぼく」役の児童に気持ちを聞く。

言語活動の手順例

STEP 1 教材「かさこじぞう」全文の音読を聞いて「疑問」や「みんなで話し
合いたいこと」を明らかにして、学習課題を確認する。

STEP 2 「じいさま」に聞いてみたいことを、ペアで話し合って、その内容を
各自ワークシートに記入する。特にどの場面のことを中心にして、
聞いてみたいかをペアで相談して決める。

〈場面の例〉

❶売るものがないので、かさを売ることに
した場面

❷かさが売れなかった場面

❸6つの地蔵を見つけて5つにかさをかぶ
せて、1つには自分のてぬぐいをかけて
あげた場面

❹ばあさまと一緒にもちつきのまねをした場面

❺のき下に米やあわのもち俵が置いてあった場面

STEP 3 「じいさま」役の教師が中心（囲炉裏の傍）に座り、全員が大きな
円になって座る（ペアが隣になる）。児童が質問をして、それに
「じいさま」が答えるという即興の「ドラマ」を演じる。

〈児童の質問の例〉

・かさが一つも売れなかったときは、どんな気持ちでしたか。

・最後に残ったお地蔵さんに、自分の手ぬぐいをかけてあげたの
は、どうしてですか。寒いと思いませんでしたか。

STEP 4 グループごとに好きな場面を選んで即興の音読劇をする。

役割分担例：①じいさま ②ばあさま ③地蔵 ④ナレーター

STEP 5 感想をワークシートに短く書いて、まとめる。

指導のポイント

「ティチャー・イン・ロール」は教師がある役になって、児童を物語の世界
に引き込む演劇的手法である。教師は強い印象を残しすぎないように、留意
すべきである。そのためにはノンバーバル（非言語的）な手段（ため息や肩を
落とす姿勢など）で情報を提供するなどの配慮が必要である。

●参考図書『なってみる学び　演劇的手法で変わる授業と学校』渡辺貴裕、藤原由香里、
時事通信社、2020年／『ドラマ教育入門』小林由利子、中島裕昭、高山
昇、吉田真理子、山本直樹、高尾隆、仙石桂子、図書文化社、2010年

ドラマ教育② ホット・シーティング①

教材 白いぼうし（光村・教出・学図・4年）

[準備物] 運転手の帽子やハンドル（ドッジビー等を使用）などの教材の装置、
ホット・シート（椅子）

○ 教材の場面を演じる活動を通して、登場人物の気持ちの変化や性格、情景について、場面の移り変わりと結びつけて、具体的に想像する活動

活動を通して付けたい力

登場人物の気持ちの変化を、場面の移り変わりと結びつけて読む力

- ・教材を「読むこと」において、文章の内容と自分の体験とを結びつけて、感想をもつ力
- ・教材を「読むこと」において、文章を読んで理解したことに基づいて、感想や考えをもつ力

どんなときに取り入れるか

●登場人物の行動や気持ちなどについて、叙述をもとにとらえる力を育てたいとき

●文章を読んで感じたことや考えたことを共有し、一人一人の感じ方に違いがあることに気づいてほしいとき

この言語活動にふさわしい教材

①登場人物の動きや行動がはっきりとしていて、視覚化しやすい作品
②登場人物の心情や行動を深く想像するための「小道具」が、物語の中に存在する作品
③短い「ドラマ」にするのに適した「場面」がある作品

📖 **ふさわしい教材例**

★「ごんぎつね」（光村・東書・教出・学図・4年）ちょうちんを持って歩く兵十と加助を見て、児童が「ごん」になって、つぶやく。

★「プラタナスの木」（光村・4年）登場人物が切り株に乗る場面を演じる。

言語活動の手順例

STEP1 教材全文の音読を聞いて「疑問に思ったこと」や「みんなで話し合ってみたいこと」を明らかにして、学習課題を確認する。

STEP2 「タクシーの運転手　松井さん」に聞いてみたいことを、ペアで話し合って、その内容を各自ワークシートやノートに記入する。
4人グループで全員が一度ずつ「タクシーの運転手の松井さんが児童に語る」という設定で、松井さん役を演じることを確認する。

STEP3 4人がどの場面の「松井さん」を演じるかを話し合って、分担を決める。
〈分担の例〉

❶お客のしんしがタクシーに乗ってきたとき

❷夏みかんに白いぼうしをかぶせたとき

❸女の子がいなくなったことに気づいたとき

❹車の中に夏みかんのにおいが残っていたとき

STEP4 グループごとに、3人が輪になって座り、1人が「松井さん」になって真ん中に座る。「松井さん」に児童が質問をして、それに「松井さん」が答えるという即興の「ドラマ」を演じる。
〈児童の質問の例〉

・夏みかんに、なぜ白いぼうしをかぶせたのですか。

・夏みかんのにおいが残っていたとき、どんなことを考えましたか。

STEP5 次の二つの「書く」活動から、一つ選んで自分の学習のまとめをする。
①ドラマを演じて仲間と共有したことを元にして、読み取ったことを書く。②ドラマで演じた内容を「台本」に書き表す。

🔑 指導のポイント

　「タクシーの運転手の松井さん」の帽子とハンドルだけを、物語の世界に入るための「装置」として、児童が質問をして「松井さん」が答えるという言語活動（ホット・シーティング）である。教材本文が書かれた模造紙を掲示したり、教科書を手元に開いたりして、教材の記述や表現に戻りながら活動できるように配慮する。

●参考図書『なってみる学び　演劇的手法で変わる授業と学校』渡辺貴裕、藤原由香里、
　時事通信社、2020年

ドラマ教育③ ホット・シーティング②

教材 大造じいさんとガン（光村・東書・教出・学図・5年）

[準備物] 紙で作った囲炉裏（班の数を準備）など教材の装置、ホット・シート（椅子）

○ 教材の場面を演じて再現する活動を通して、物語の世界に入り同化して読み、登場人物の相互関係や心情について、描写をもとにとらえる活動

活動を通して付けたい力

登場人物の相互関係や心情について教材の描写をもとに想像して読む力

- 人物像や物語の全体像などを具体的に想像したり、表現の効果を考えたりする力

どんなときに取り入れるか

● 登場人物の心情や行動に同化して読む能力を育てたいとき
● 教材の描写について着目して、表現の効果を体感したいとき

この言語活動にふさわしい教材

①登場人物の心情や行動を深く想像するための「小道具」が、物語の中に存在する作品
②短い「ドラマ」にするのに適した「場面」がある作品

📖 ふさわしい教材例

★「川とノリオ」（教出・学図・6年）
　高齢になったノリオを囲んで、昔の話を聞くという設定。
★「海の命」（光村・東書・6年）
　小道具のもりを手にしている太一に、児童が「クエとの戦いの時の気持ち」などを聞くという設定。

言語活動の手順例

STEP1 教材全文の音読を聞いて「疑問」や「みんなで話し合ってみたいこと」を明らかにして、学習課題を確認する。

STEP2 「72歳になった大造じいさん」に聞いてみたいことを、ペアで話し合って、ワークシートに記入する。

4人グループで全員が一度ずつ「囲炉裏を囲んで72歳の大造じいさんが語る」という設定で、大造じいさん役を演じることを確認する。

STEP3 4人がそれぞれ、どの場面で大造じいさんを演じるかを話し合って、分担を決める。

〈分担の例〉

第1場面　思わず感嘆の声をもらした時。

第2場面　「ううん」とうなってしまった時。

第3場面　残雪の姿に強く心を打たれた時。

第4場面　残雪をいつまでも見守ってた時。

STEP4 1人が「72歳の大造じいさん」になって真ん中に座る。周りの児童が質問をして「大造じいさん」が答えるという即興の「ドラマ」を演じる。

〈児童の質問の例〉

・昔の狩りは、どんな方法でやったのですか。

・残雪の頭領らしい姿を見て、どんなことを思いましたか。

STEP5 次の二つの「書く」活動から、一つ選んで自分の学習のまとめをする。

①ドラマを演じて仲間と共有したことを元にして、読み取ったことを書く。②ドラマで演じた内容を「台本」に書き表す。

指導のポイント

「ドラマ教育」は、大がかりな「劇の発表会」を行う必要はない。凝った「大道具・小道具」も作らない。ここでは段ボールや厚紙で「囲炉裏」を作るだけでよい。あくまでも、教材や登場人物に同化する「読み」が生まれる「装置」として「ドラマ」が機能する。ただし、必ず教材の「本文」に戻りながら、「ドラマ」を演じることを大切にする。

●参考図書『なってみる学び　演劇的手法で変わる授業と学校』渡辺貴裕、藤原由香里、時事通信社、2020年

絵本作り

教材 スイミー（東書・教出・1年／光村・学図・2年）

[準備物] 教材文が印刷された紙、色鉛筆、クレヨン

○ 文章の叙述や、叙述から考えたことをもとに、登場人物の表情や様子、場面の様子を絵に描いたり文にまとめたりして表現する活動

活動を通して付けたい力

叙述に着目して、登場人物の表情や様子を詳しく読み取る力

- 叙述の中の気持ちを表す表現に着目して、登場人物の気持ちを想像する力
- 叙述の中の様子を表す表現に着目して、場面の様子を想像する力

どんなときに取り入れるか

●**叙述をもとに、物語世界を豊かに想像したいとき**

叙述の中の、登場人物の行動や様子、表情がわかる表現や場面の様子を色彩豊かに表している表現への着目を促しながら力をつけていく。

●**シリーズ読書をしたいとき**

中心教材「スイミー」と同じ作者の作品を並行読書する学習を設定して、「楽しみながら本や文章を選んで読む」力をつけていく。

この言語活動にふさわしい教材

①登場人物の表情や様子を表す表現が多い作品
②比喩表現や色彩表現などが豊かで、場面の様子を思い描きやすい作品
③登場人物の人数や挿絵が少ない作品

📖 ふさわしい教材例

★「**たぬきの糸車**」（光村・1年）
★「**けんかした山**」（教出・1年）
★「**かいがら**」（東書・1年）
★「**えいっ**」（教出・2年）

言語活動の手順例

STEP1 絵本作りの方法について知る。

例① 本文はそのままで、叙述に着目して挿絵のみを考えて描く。

例② 本文はそのままで、叙述に着目して教師が用意した挿絵見本の中からふさわしい挿絵を選ぶ。

例③ 本文と挿絵はそのままで、叙述に着目して挿絵の色を塗る。

例④ 本文は書き写し、叙述に着目して挿絵も考えて描く。

STEP2 自分が挿絵を描きたい作品や場面を選ぶ（**STEP1**例①の場合）。

例① 「スイミー」の場面の中から絵本で表したい場面を選ぶ。

例② 他のレオ・レオニ作品を読み、その中から絵本で表したい場面を選ぶ。

STEP3 絵に表したい表現に線を引き、挿絵の下書きをし、交流する。

叙述の中の、登場人物の行動や様子、表情がわかる表現や場面の様子を色彩豊かに表している表現への着目を促す。下書きの段階で同じ場面を選んだ児童同士で交流する。

STEP4 話し合ったことをもとに、仕上げの挿絵を描く。

STEP3の話をもとに、どの表現に着目するのか考え直し、仕上げの挿絵を描く。

STEP5 「○年○組絵本図書館」を開いて、できあがった作品を交流する。

・友達と組み合わせて一冊の本にしてもよい。

・実際に図書館に飾ってもらうなどしてもよい。

指導のポイント

❶絵で表現することが苦手な児童には**STEP1**で示した例②や例③の方法で取り組むことを促してもよい。

❷**STEP3**では、互いの挿絵を見合いながら、同じ表現や言葉を選んでも、思い描く色や形が違うことを共有できるようにする。

❸**STEP5**のように、作成した絵本が生きる実の場を設定すると意欲は高まる。

図鑑作り

教 材 じどう車くらべ（光村・1年）

［準備物］図鑑作りの用紙、色鉛筆、中心教材に関連する本や写真

○ 事柄の順序を考えながら、自分の興味のあるものについて説明する文章と絵をかく活動

活動を通して付けたい力

事柄の順序に気をつけて説明を読む力

- ・事柄の順序を考えながら読む力
- ・選んだ題材から、図鑑を書くために必要な部分を選び出す力

どんなときに取り入れるか

●何がどんな順番で書かれているかとらえたいとき

「しごと（機能）」と「つくり（仕組み・構造）」のような説明や、それをもとにした事例の順序を考えながら読ませたいとき。

●説明文で学んだ説明の順序を使って書きたいとき

書き手の立場に立たせることで、繰り返し読み返しながら順序をとらえさせたいとき。

この言語活動にふさわしい教材

①いくつかの事例が並列で書かれている作品

②事例が「しごと（機能）」と「つくり（仕組み・構造）」のように同じ説明の順序で書かれている作品

③車や動物、食べ物などの身近で調べやすいものが扱われている作品

ふさわしい教材例

★「くらしをまもる車」（学図・1年）

★「いろいろなふね」（東書・1年）

★「だれが、たべたのでしょう」（教出・1年）

★図書室にある図鑑など

言語活動の手順例

STEP1 「じどう車くらべ」において、1つの事例がどのような説明の順序で書かれているのかをとらえる。

いくつかの事例の共通点を考えることを通して、「しごと」と「つくり」のように事例が同じ順序で書かれていることをとらえる。

STEP2 他の車について、「しごと」と「つくり」の順序で書く。

「じどう車くらべ」であれば、教科書に掲載されている「はしご車」を使ってもよい。

STEP3 書く題材を選び、関連する本を探す。

題材例①他の自動車　②生き物や植物など

⇒実態に応じて、いくつか提示したものから選んだり、図書室で自分で興味のあるものから選択させたりしてもよい。

STEP4 関連する本から「しごと」と「つくり」を探し選び出す。

自動車以外のものであれば、「特徴」と「その特徴の理由」のように提示するとよい。

パトカーは上が
光ります。
何かあったら
サイレンですぐ
かけつけるためです。

STEP5 「しごと」と「つくり」などの説明の順序に気をつけて図鑑として書く。

複数の事例を書かせた場合は、事例をどのような順序で図鑑に入れるかについても考えさせるとよい。

STEP6 書いたものを読み合い感想を交流する。

🔍 指導のポイント

❶図鑑を作る活動を通して、順序に着目し活用させたい。そのために、事例を比較することで、児童にその共通点を見つけさせたい。

❷読み手と書き手の双方の立場に立たせることで、順序を考えながら書くことのよさに気づかせ、難しさを実感させたい。

パンフレット作り

教材 鳥になったきょうりゅうの話（光村・3年）

[準備物] パンフレット用の画用紙（複数枚）、のり、色鉛筆、付箋

○ 相手や目的に応じて、得られた情報を個人で編集して数枚の紙に書き、パンフレットで伝える活動

活動を通して付けたい力

相手や目的に応じて、多様な情報をまとめる力

- ・伝えたいことを明確にして、内容のまとまりを作り、構成する力
- ・文章だけでなく、写真や図、表などを取り入れながらまとめる力
- ・相手や目的に応じて、複数の情報を編集してまとめる力

どんなときに取り入れるか

●初めて知ったことや興味をもったことなどを伝えたいとき

教材を読んで初めて知ったり、興味をもったりしたことを相手にわかりやすく伝える力をつけたいとき。

●目的に沿って集めた情報を一つにまとめたいとき

教材を読んで、さらに調べたいと思ったことなどを図鑑や科学読み物などから調べて集め、それらを一つにまとめる力をつけたいとき。

この言語活動にふさわしい教材

①初めて知る内容や興味をもつ内容がある作品

②図鑑や科学読み物などとの関連を図りやすい作品

③文章だけでなく、写真や図、表などが取り入れやすい作品

📖 ふさわしい教材例

★「ありの行列」（光村・3年）　★「ヤドカリとイソギンチャク」（東書・4年）

★「ウミガメの命をつなぐ」（教出・4年）

言語活動の手順例

STEP 1 パンフレットの特徴（構成・記述）を知る。

実際のパンフレットや教師自作のモデルとなるパンフレットなどを示して、特徴や様式（構成・記述）について知り、学習の見通しをもてるようにする。

STEP 2 「鳥になったきょうりゅうの話」を読む。

教科書教材に加えて、関連する図鑑や科学読み物なども合わせて読む。

STEP 3 パンフレットに記述したいと考えた内容を書き出す。

初めて知ったり、興味をもって調べたりしたこと（体のつくり、鳥が小さくなったわけ）などから伝えたい内容を付箋に書き出す。

STEP 4 パンフレットの構成（レイアウト）を考える。

内容を書き出した付箋をパンフレットの形にした画用紙に貼る。その際、内容ごとにまとまりを作り、図や表などの配置も考える。また、その内容のまとまり同士の関連が見えるように、紙面上の順序や配置などを工夫する。レイアウトを考える中で、改めて教材に戻り、内容を書き足したり、変えたりすることも考えられる。

STEP 5 パンフレットを作成する。

構成（レイアウト）に応じて、パンフレットを作る。教材などを読み直したり、相手や目的に応じて文章を推敲したりしながら作る。

STEP 6 完成したパンフレットをグループで読み合い、感想を共有する。

できあがったパンフレットを、想定していた相手に実際に読んでもらい感想をもらう。グループで読み合う際には、友達のパンフレットから構成・記述の工夫やよさなどを見つける場とする。

指導のポイント

❶ パンフレットは、紙面の枚数を増やせるため、強調したいところを詳しくすることができる。また、複数人で分担して書くなどの協働的な学びも可能。

❷ 構成（レイアウト）の自由度は高いが、だれに（相手意識）何を（目的意識）を伝えるためのものかを意識して、構成や記述内容を考えられるようにする。

リーフレット作り

教材 世界にほこる和紙（光村・4年）

[準備物] リーフレット用の画用紙（一枚）、色鉛筆、サインペン

○ 相手や目的に応じて、伝えたい内容を協働して効果的に割り付けてリーフレットとして1枚の紙に表現する活動

活動を通して付けたい力

相手や目的に応じて、わかりやすく伝える力

- 伝えたいことを明確にして、内容のまとまりを作り、構成する力
- 文章だけでなく、写真や図、表などを取り入れながらまとめる力
- 相手や目的に応じて、表現を工夫する力

どんなときに取り入れるか

●**初めて知ったことや興味をもったことなどを伝えたいとき**

教材を読んで初めて知ったり、興味をもったりしたことを相手にわかりやすく伝える力をつけたいとき。

●**文章と写真や図などを組み合わせてまとめたいとき**

文章の補足として写真や図などを用いたり、写真や図などの説明として文章を加えたりするなど、組み合わせて伝える力をつけたいとき。

この言語活動にふさわしい教材

①初めて知る内容や興味をもつ内容がある作品
②事典や科学読み物などとの関連を図りやすい作品
③文章だけでなく、写真や図、表などが取り入れやすい作品
④教材内に理由や事例などが複数挙げられている作品

ふさわしい教材例

★「パラリンピックが目指すもの」（東書・3年）★「くらしの中の和と洋」（東書・4年）
★「くらしと絵文字」（教出・3年）

言語活動の手順例

STEP1 リーフレットの特徴（構成や記述）を知る。

実際のリーフレットや教師自作のモデルとなるリーフレットなどを示して、内容や構成について知り、学習の見通しをもてるようにする。

STEP2 「世界にほこる和紙」を読む。

教科書教材に加えて、関連する事典や科学読み物なども合わせて読む。

STEP3 リーフレットにまとめる内容を書き出す。

初めて知ったり、興味をもって調べたりしたこと（海外での活用例、和紙以外の伝統工芸品）などから伝えたい内容を付箋に書き出す。

STEP4 構成（レイアウト）を考える。

書き出した付箋をリーフレットの形にした画用紙に貼る。その際、内容ごとにまとまりを作るとともに、内容の順序性や取り入れる写真や図に応じた配置を検討する。また、内容のまとまりごとに付ける見出しの工夫も考える（大きさ、色、フォントデザインなど）。さらに、割り付けを考える中で、あらためてテキストに戻り、内容をしぼったり、詳しくしたりすることも考えられる。

STEP5 リーフレットを作成する。

レイアウトに応じて、リーフレットを作る。この段階でも、教材などを読み直したり、相手や目的に応じて文章を推敲したりして作る。

STEP6 完成したリーフレットを読み合い、感想を共有する。

できあがったリーフレットを、想定していた相手に実際に読んでもらい感想をもらう。またグループやクラスで読み合う際には、友達のリーフレットから構成・記述の工夫やよさなどを見つける場とする。

指導のポイント

❶1枚におさめるため、グループではなく個人でまとめる活動に向く。

❷紙面が限られているため、伝えたい内容を絞るとともに明確にし、相手にわかりやすく伝わる工夫を構成面などからも考えられるようにする。

❸構成（レイアウト）の自由度は高いが、だれに（相手意識）、何を（目的意識）を伝えるためのものかを意識して、構成や記述を考えられるようにする。

新聞作り

教材 ウナギのなぞを追って（光村・4年）

[準備物] 新聞紙面の枠を印刷した用紙

○ 教材文の内容を要約したり、自分の考えを述べたりして、写真や図表を効果的に使いながら新聞を作成する活動

活動を通して付けたい力

新聞記事を書くために中心となる語や文を見つけて要約する力

- 説明的な文章全体の内容を正確に把握する力
- 文章の内容を短くまとめる力
- 中心となる語や文を選んで、書く分量を考えて要約する力

どんなときに取り入れるか

● **内容を正確にとらえ、読み取った内容を端的に書かせたいとき**

リード文や小見出しを書く活動を設定して、中心となる語や文に着目して文章の内容を短くまとめる力をつけたいとき。

● **わかったことや考えたことを説明したり、意見を述べたりしたいとき**

編集後記を書く欄を設け、文章を読んで考えたことや自分の意見をまとめる力をつけたいとき。

この言語活動にふさわしい教材

①書き手の考えとその事例がはっきりしていてわかりやすい作品
②事例を挙げて説明している作品
③生活に身近な話題で、児童が感想をもちやすい作品

📖 **ふさわしい教材例**

★「アメンボはにん者か」（学図・4年）
★「ウミガメの命をつなぐ」（教出・4年）
★「数え方を生みだそう」（東書・4年）

言語活動の手順例

STEP 1 新聞の書き方を知り、学習の見通しをもつ。

新聞を書いて伝えたい相手を決める。

リード文、一番伝えたい記事（トップ記事）、編集後記などを書くことを確認する。

STEP 2 段落ごとに「考え」と「その事例」を分けて読み、取材カードにまとめる。

取材カードは、「考え」を書く欄と「その事例」を書く欄を分ける。

気づいたことや疑問などは、取材カードの「自分の考え」に記入する。

STEP 3 新聞紙面に、記事の割り付けをする。

取材カードの中から、新聞に書きたいことを2つ選ぶ。

関連する写真やグラフなどがあれば、新聞に貼れるように大きさを整えて準備する。

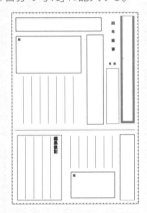

STEP 4 トップ記事にリード文をつけ、それぞれの記事には小見出しをつけ、割り付けを考える。

リード文は、記事の内容を要約したものであることを知る。字数はある程度制限をし、長く書きすぎないように配慮する。

STEP 5 作品を読んだ感想を編集後記に書く。

取材カードの「自分の考え」に書いた内容を見ながら書く。

書いた新聞を読み合う。

STEP 6 選んだ記事の違いや、感じたことの違いを伝え合う。

指導のポイント

❶実際の新聞を見ながら新聞の書き方を学ぶ。

❷教材文を読みながら取材カードを書く際は、要約や引用する力を中心に指導する。

❸教材文の叙述をもとにして段落相互の関係を読むように指導する。

❹要約や引用する力は、別の単元の学習にも生かす。

続き話作り

教材 スイミー（東書・教出・1年／光村・学図・2年）

[準備物] 続きの場面の絵を描く画用紙、色鉛筆など彩色道具

> 話の最後の場面の後、話がどんな展開をして続いていくのかを想像
> し、続きの場面の様子や登場人物の行動や気持ちを表現する活動

活動を通して付けたい力

続きの話の場面の登場人物の様子や行動、気持ちに関わりのある場面に
着目しながら想像して読む力

- ・場面の様子や登場人物の行動など、内容の大体をとらえる力
- ・場面の様子に着目して、登場人物の行動を具体的に想像する力
- ・文章の中の重要な語や文を考えて選び出す力

どんなときに取り入れるか

●登場人物の人物像を中心に読んで、内容をとらえたいとき

人物の言葉や行動から性格をとらえる力をつけたいとき。

●場面の順序や展開を意識して、内容をとらえたいとき

時間的な順序や場所の移り変わり、登場人物の行動の変化など、場面の
変化をとらえる力をつけたいとき。

この言語活動にふさわしい教材

- ①登場人物の動きや会話、場面転換がはっきりしている作品
- ②登場人物の行動や気持ちを想像しやすい作品
- ③もう少し幸せな結末を読みたくなる作品
- ④話の結末を知らせずに多様な展開を考えさせたい作品

📖 ふさわしい教材例

★「たぬきの糸車」（光村・1年）

★「わにのおじいさんのたからもの」（教出・2年／学図・3年）

★「はりねずみと金貨」（東書・3年）

言語活動の手順例

STEP1 続きの話にしたい展開や場面を考える。
（教材本文の読みを生かして）

例①登場人物が幸せになる展開を考える。
自分の好きな場面を想起する。

「**スイミー**」→赤い魚の兄弟たちと遊ぶ
海の生き物と出会う 等
※本文の学習ワークシートとまとめて絵本も可

例②お話の中で詳しく書かれていない場面を入れ込む展開を考える。

「**たぬきの糸車**」→冬の間のたぬきがしていたことをおかみさんに教
える。これからもたぬきは糸車を回しにくるか。

例③結末とは異なる展開を考える。結末を知らせずに書く。（考え
が対極に分かれる場合、話し合う場）

「**わにのおじいさんのたからもの**」（オニの子は本当の宝物を知らな
い。）

→オニの子にわにのおじいさんは本当のたからものを教えるか

→教えたら、どうなるのか？→教えてもオ
ニの子は夕焼けがいいと言う

STEP2 続きのお話づくりの方法について知る。

時・場所・登場人物・様子・行動等のあら
すじを決めてから、会話文等をわかりやす
く入れる。文に絵を添えた表現にしてもよ
い。絵を先に描いてもよい。

STEP3 続きの話を書き、ペアやグループ内で読み合う。

続きの話の発表会をする。互いのよさを見つけ伝え合う。

🖉 指導のポイント

❶「あらすじ」「場面分け」「登場人物の心情の変化」「続き・結末につながる疑
問の解決」などに着目することで、根拠のある続き話とさせる。

❷結末を見せないで想像させ話し合う場合、本文の根拠を丁寧に扱う。

感想文を書く

教材 わたしはおねえさん（光村・2年）

[準備物] 感想文用紙、カード、感想文のモデル文、感想を表す言葉一覧

○ 文章の内容と自分の体験を結びつけて感想文を書く活動

活動を通して付けたい力

登場人物と自分を比べながら読み、考えをまとめて感想を書く力

- 会話文や動きを表す言葉に着目して、登場人物の気持ちを想像する力
- 様子を表す言葉に着目して、登場人物の行動や気持ちを想像する力
- 登場人物と自分を比べ、思いや考えをまとめて感想を書く力

どんなときに取り入れるか

●登場人物の行動や気持ちを中心に読み、作品の理解を深めたいとき

「自分なら…」という視点で登場人物と向き合うことで、人物の行動や気持ちを想像し、主体的に作品に関わる力をつけたいとき。

●他者と比べて読む楽しさに気づき、見方や感じ方を広げたいとき

他者（登場人物や友達など）と自分を比べる時間を設定し、ものの見方や考え方、感じ方の違いに気づき、読みを深めたいとき。

この言語活動にふさわしい教材

①同じ年代の主人公が登場し、自分の体験と重ねやすい作品

②登場人物の言動や気持ちに共感したり、疑問を抱いたりしやすい作品

③登場人物の成長や変化がはっきりしている作品

ふさわしい教材例

★「おにたのぼうし」（教出・3年）

★「きつねのおきゃくさま」（教出・学図・2年）

★「お手紙」（教出・1年／光村・東書・学図・2年）

★「サーカスのライオン」（東書・3年）

★「プラタナスの木」（光村・4年）

言語活動の手順例

STEP1 「お手紙」の感想文モデルA（心に残ったところや自分の体験等が書かれた感想文）とB（体験が書かれていない感想文）を比較・分析し、どのような構成や内容となっているかとらえる。

C1 「Aは、『わたしにも…』と、自分と比べてあるね。」

C2 「Aは、自分の体験や考えたことを書いているから、この人の思いがよく伝わる。この人だけの文章な感じがする。」

教師は、児童の発言を整理し、拡大した感想文にポイントや発言内容を書き込み、児童が必要に応じて確認できるように教室に掲示する。

STEP2 「わたしはおねえさん」を読んで「心に残ったところ」とそれを選んだ理由をカードに書きためる。

C3 「「半分ぐらい、なきそうでした。」が心に残りました。私もわぁって心がぐちゃぐちゃになったことがあるからです。」

C4 「P.66の「わらいだしました。」がふしぎです。僕なら怒るのに、すみれちゃんはどうして怒らなかったのかふしぎ。」

STEP3 「心に残ったところ」と考えを紹介し合い、多様な考えにふれる。

共通点や相違点など自分と結びつけて考えたり、「自分なら」という視点で話し合ったりする。交流後、考えをカードに書き加える。

STEP4 交流した内容や書き加えたカードをもとに、感想文を書く。

感想文の書き方（構成や内容など）を確認する。

STEP5 感想文を読み合う。読み合った感想を共有する。

似た感想や異なる感想など、様々なグループになって読み合う。

STEP6 教材以外の本を読み、登場人物と自分を比べながら感想文を書く。

教室に展示してある本を読み、感想文を書く。

指導のポイント

❶登場人物と自分を比べて読む視点（共通点や相違点）を確認し、行動や気持ちを中心に読み、人物の葛藤や成長に着目するとよいことを指導する。

❷自分の気持ちに合った言葉を用いて感想が書けるように、感想を表す言葉一覧を児童とともに作成し、教室に掲示したり、配付したりするとよい。

主人公に手紙を書く

教材 スイミー（東書・教出・1年／光村・学図・2年）

[準備物] 縦書きの便箋（ノートやワークシートでも可）

○ 場面の様子や登場人物の行動など、内容の大体をとらえて、登場人物に向けた手紙を書く活動

活動を通して付けたい力

出来事や場面の様子に着目して、登場人物の行動や内容の大体をとらえる力

- 出来事や場面の様子を表す言葉に着目して、登場人物の行動を具体的に想像する力
- 教材の題名、挿絵、会話文などに着目して、文章の内容と自分の体験とを結びつけて手紙を書いて、感想をもつ力

どんなときに取り入れるか

●登場人物の行動や会話文を正しく読み取る力をつけたいとき

「だれが」「何をした」「どのようなことを言った」という叙述に着目して、登場人物の様子を読み取る力をつけたいとき。

●自分の思いや考えを表現する力をつけたいとき

登場人物の行動について、自分の体験と結びつけて、思ったことや考えたことを表現したいとき。

この言語活動にふさわしい教材

①登場人物の行動がはっきりと書かれている作品
②登場人物の立場になりきって想像を膨らますことができる作品
③登場人物の行動に思いや考えをもちやすい作品

ふさわしい教材例

★「まいごのかぎ」（光村・3年）　★「きつねのおきゃくさま」（教出・学図・2年）

★「わにのおじいさんのたからもの」（教出・2年／学図・3年）

★「名前を見てちょうだい」（東書・2年）

言語活動の手順例

STEP1「スイミー」を読んで、登場人物のしたことや出来事を中心に、物語の流れや人物の様子を確かめる。

挿絵の並び替えをして、あらすじをまとめる。スイミーの人物像をまとめる。

STEP2 まぐろに襲われた場面の出来事や様子がわかる言葉を確かめ、スイミーに手紙を書く。

まぐろの恐ろしさがわかる言葉（「すごいはやさ」「ミサイルみたい」「つっこんできた」）や、逃げたスイミーの気持ちがわかる言葉（「こわかった」「さみしかった」「とてもかなしかった」）を確かめ、動作化したりスイミーの表情を考えたりする。

STEP3 海のすばらしいものに出会った場面の出来事や様子がわかる言葉を確かめ、スイミーに手紙を書く。

「海のすばらしいものを見たときにスイミーはどんなことを言ったり思ったりしただろう」と問い、元気を取り戻していく様子を具体的に想像する。

STEP4 小さな魚の兄弟たちと出会った場面の出来事や様子がわかる言葉を確かめ、スイミーに手紙を書く。

音読を通して、スイミーや小さな魚の兄弟たちはどのような口調だったか考える。

STEP5 大きな魚を追い出した場面の出来事や様子がわかる言葉を確かめ、スイミーに手紙を書く。

STEP6 物語を読み返し、スイミーに宛てた手紙を書く。

指導のポイント

❶登場人物の行動をとらえるために、どのような表情や口調だと思うか問い、具体的に想像できるようにするとよい。また、動作化も有効である。

❷登場人物の行動に対する思いや考えをもてるように、「自分だったらどうするか、どう思うか」と問い、自分と比較できるようにする。

❸友達が書いた手紙を読む機会を設け、同じところや違うところを見つけられるようにする。

お話すごろく作り

教材 **おかゆのおなべ（光村・1年）**

[準備物] お話すごろくの台紙、主人公のコマ、色鉛筆

○ 「お話すごろく」を作ることを通して、場面の様子に着目して登場人物の行動を具体的に想像し、好きなところを共有する活動

活動を通して付けたい力

行動や会話について具体的に想像し、好きなところを共有する力

- ・お話を豊かに想像するために、動きを表す言葉に着目して読む力
- ・場面の様子に着目して、登場人物の行動を具体的に想像する力
- ・お話を読んで、好きなところを共有する力

どんなときに取り入れるか

●**場面の様子に着目して、登場人物の行動を具体的に想像させたいとき**

お話すごろくの続きを書くために、登場人物の行動や会話について、何をしたのか、なぜしたのかなどを考えたり、動作化をしたりして登場人物の行動を具体的に想像できるようにする。

●**お話を読んで、好きなところを共有させたいとき**

好きなところの叙述と感想をつなげて伝え合えるようにする。

この言語活動にふさわしい教材

①起承転結が明確で、話の筋がわかりやすい作品

②多様なおもしろさを感じられる作品

「おかゆのおなべ」の例

登場人物の行動・場面の様子・繰り返し・言葉の響きやリズム

📖 **ふさわしい教材例**

★「おむすびころりん」（光村・1年）

★「お手紙」（教出・1年／光村・東書・学図・2年）

★「ミリーのすてきなぼうし」（光村・2年）

言語活動の手順例

STEP 1 朝の読書タイムなどで、外国の昔話の読み聞かせを聞いたり、興味のある外国の昔話を読んだりする。（**STEP 5** まで並行読書）

STEP 2 お話すごろくについて知る。お話すごろくで実際に遊び、言語活動のイメージをもつ。

お話すごろくの例：「はらぺこあおむしえほんすごろく」「おばけすごろく」「11 ぴきのねこすごろく」「ピーマン村すごろく」など。

STEP 3 主教材である「おかゆのおなべ」お話すごろくの大まかな道筋を決めるために、登場人物の行動などをもとに内容の大体を捉え、話の筋をおさえる。

⇒登場人物の行動や会話、主な出来事を中心にすごろくのマスに書く内容を決める。

STEP 4 お話すごろくの続きを書くために、登場人物の行動や会話について、何をしたのか、なぜしたのかなどを考えたり、動作化をしたりして登場人物の行動を具体的に想像する。

⇒マスの言葉の内容と関連させて、指示する言葉（〜マス進む・〜マス戻る・〜回休みなど）を考えて書く。

STEP 5 完成したお話すごろくで遊び、自分が好きなところとそのわけを友達に伝える。（自分の好きなところが書いてあるマスにコマが止まったら伝える。止まらなくても、そのマスを通り過ぎたら伝えるようにする。）友達から感想をもらい、好きなところを共有する。

STEP 6 並行読書の本の中からお気に入りの本を選び、その本のお話すごろくを作ることを通して身に付けたい資質・能力の育成を目指す。

指導のポイント

❶ 自分が好きなところをお話すごろくで伝えたいという思いをもてるよう、並行読書の本は多様な面白さが感じられるものを選書する。同じ本でも、好きなところがちがうおもしろさがあることにも気付かせたい。

❷ 読み取ったことをマスの中の言葉に表していくことで自分たちで課題解決していることを実感できるようにし、その過程を教師が価値づけする。

クイズ作り

教材 くちばし（光村・1年）

[準備物] 画用紙、生き物図鑑など、タブレット端末

> ○ 文章を読むことやクイズ作りを通して、「問い」と「答え」、「説明」が同じ順序で構成されていることに気づく活動

活動を通して付けたい力

事柄の順序を考えながら読み、読み取ったことをもとに文章で表現する力

- ・「問い」「答え」「説明」の順序や内容を正しくとらえる力
- ・「問い」「答え」「説明」の順序で、文章（クイズ）に表す力

どんなときに取り入れるか

● **説明文の基本的な構成を理解できるようにしたいとき**

それぞれの事例が、同じ「問い」「答え」「説明」の構成で説明されていることに気づき、説明するときの基本的な形であることをとらえたいとき。

● **作った文章（クイズ）を伝えることの楽しさを感じられるようにしたいとき**

伝える相手：学級の友達、保護者、新1年生など。

この言語活動にふさわしい教材

①「問い」「答え」「説明」の順序が繰り返されている文章
②写真や絵と文の対応がわかりやすい文章
③児童にとって身近なものや興味をもてるものが題材になっている文章

📖 **ふさわしい教材例**

★「だれが、たべたのでしょう」（教出・1年）
★「どうやってみをまもるのかな」（東書・1年）
★「いきもののあし」（学図・1年）

言語活動の手順例

STEP 1 「くちばし」の「クイズ大会」をするという活動の見通しをもち、どのような順序で文を並べるとクイズになるか考える。

クイズ作りへの興味・関心がもてるように、朝の会などで教師がクイズを出す機会を設ける。

STEP 2 答えを予想しながら教材文の範読を聞き、内容の大体をつかむ。

教師は「問い」と「答え」が意識できるように、写真を提示しながら児童に話しかけるように読んだり、「問い」の後に間をとったりする。

STEP 3 それぞれの鳥のくちばしについて、どのように書かれているのかとらえる。

「問い」「答え」「説明」の順序になっていることに気づけるように、それぞれを違う色のカードに記しておいたものを示す。

「問い」と「答え」、「説明」の順序を意識できるように、役割に分かれて音読する。

STEP 4 「問い」と「答え」の形を使って、クイズを作る。

学校図書館や地域の図書館と連携して、図書資料からクイズ作りをしてもよい。他には、学校の中で見つけたものや、場所について機器を活用して撮影し、クイズを作るという方法もある。

学習した「問い」「答え」「説明」の順序をクイズ作りで生かせるように、色別のカードを使用する。

STEP 5 クイズ大会をする。

指導のポイント

❶教材文を読む前に教師が作ったクイズにふれることで、普段使っている言葉（「〜でしょう」など）が、物事を説明する文章の文末にも使われていることに気づくことができる。

❷文章に書かれていることは、写真のどの部分を指しているのか確かめる。

❸クイズ大会後は、これから読む文章の中に、「問い」「答え」「説明」を見つけたときにはみんなに伝えるよう投げかける。

サイドライン・書きこみ・書きだし

教材 モチモチの木（光村・東書・教出・学図・3年）

[準備物] 教材文をコピーしたプリント（全場面分）、感想文用紙1枚

○ 文章を読みながら、読み手に湧き起こる反応を書く活動

- **サイドライン**　文章を読み進める過程で、読み手が強く感じたり、疑問に思ったり、別の考えが浮かんだりした表現に線を引く。
- **書きこみ**　サイドラインを引いた箇所で、言語化したい事柄を行間に書く。
- **書きだし**　行間ではなく、別枠に「書きこみ」よりも詳しく書く。

活動を通して付けたい力

能動的に文章に働きかけ、想像力を発揮して自力で読む力

- 語句と語句、文と文とを関係づけて、全体を予測しながら文脈を読む力
- 登場人物に同化して、状況をイメージしながら読む力
- 読み手の感性や考え方を大事にしながら読む力

どんなときに取り入れるか

●読むことの学習の基本指導をしたいとき

主体的に「読むこと」を、書く活動を通して具体的に体験することができる。個々の学習者の多様な読みをもとにした学習を経験させたいとき。

●読み深めさせたい教材を扱うとき

「モチモチの木」のように、描かれている状況や登場人物の行動、気持ちについて、深く考えさせたいときに表現に着目しながら読むことができる。

📖 **ふさわしい教材例**

★「きつねのおきゃくさま」（教出・学図・2年）

★「風切るつばさ」（東書・6年）　★「どうぶつ園のじゅうい」（光村・2年）

★「ウナギのなぞを追って」（光村・4年）

言語活動の手順例

STEP 1 準備したプリントを配り、サイドラインを引きながら文章を読む。

文章を読むと、「感じること、思うこと、わかること、疑問」などが湧き起こる。それを強く感じる箇所にサイドラインを引く。

STEP 2 思い浮かんだことを書きこみながら読む。

サイドラインを引きながら、言語化したい箇所に以下のような書きこみをする。書きこむ内容に記号を付けるとよい。

例：㋜疑問　㋭わかったこと　㋖登場人物の気持ち　㋴様子
　　㋱前との関係づけ　㋵予想
　　㋕考え・感想　㋙ことば・表現

〈「書きこみ」例〉

まったく、豆太ほどおくびょうなやつはない。

㋜だれが言ってるの　㋭豆太はすごいおくびょう

もう五つにもなったんだから、夜中に一人でせっちんぐらいに行けたっていい。**㋕まだ、5さいだよ。　　㋖こわいよ。**

STEP 3 思い浮かんだことを、別枠に書きだす。

サイドラインを引いたところや記号をつけたところを、ある程度まとめて書く。

まったく、豆太ほどおくびょうなやつはない。もう五つにもなったんだから、夜中に一人でせっちんぐらいに行けたっていい。

〈「書きだし」例〉

豆太はおくびょうなんだ。でも、まだ、5さいだからむりだよ。これはだれが言ってるのかな。おこってるの？

🔑 指導のポイント

❶書けない児童には無理に書かせない。話し合いにおける他の児童の発話から、自然に学ばせる。一緒に読みながら、反応を話す。

❷書きこみの記号は、書く内容の指針なのでつけるのもつけないのも自由。

❸読みの反応を総合してまとめて書きだしていく方向へと指導する。

❹複数の色を使って書き分ける方法もある。

吹き出し・ミニ感想・振り返り

教材 モチモチの木（光村・東書・教出・学図・3年）

[準備物] 教材文をコピーしたプリント（全場面分）、感想用紙1枚

○ 登場人物の心情を想像してそれを吹き出しで表現し、読み手の短い感想（ミニ感想）・振り返りを書く活動

活動を通して付けたい力

登場人物の心情を想像して読むことや読み手意識をもって読む力

- ・気持ちを表す言葉に着目し、登場人物になりきって想像する力
- ・描かれている状況を理解し、登場人物に言ってあげたいことを考える力
- ・作品を俯瞰して感想をもち、自分の読みの傾向を振り返る力

どんなときに取り入れるか

●登場人物の気持ちを実感としてとらえさせたいとき

吹き出し箇所を教師が定めたり、自ら選択したりして、登場人物の言葉で気持ちを表現する。

●登場人物に対する読み手の考えを明確にさせたり、物語の展開の節目で内容を総合的にとらえさせたりしたいとき

登場人物に対して言ってあげたいことやミニ感想を書く。

●読みの振り返りをさせたいとき

毎時間の話し合いの中で、褒めてあげたいと思う友達の名前（できれば、その理由も）を書いたり、発言の内容を書いたりする。他の児童の読みのよさを評価することで、自分の読みの振り返りにつなげる。高学年になれば、友達と自分の読みを比較して、考えたことを書く。

ふさわしい教材例

★「つり橋わたれ」（学図・3年）　★「ちいちゃんのかげおくり」（光村・3年）

★「おにたのぼうし」（教出・3年）　★「白いぼうし」（光村・教出・学図・4年）

言語活動の手順例

STEP 1 登場人物の気持ちになったつもりで吹き出しに言葉を書く。

教師が指定した箇所や気持ちを表す言葉に自ら着目して、登場人物の気持ちを想像し、その人物の台詞の形で書く。

夜のモチモチの木は、そっちを見ただけで、

うわあ～。こわいよー。おどかさないで。ションベンも出ないよ。

STEP 2 登場人物に対して、言ってあげたいことを書く。

教師が指定した箇所や登場人物に言ってあげたいと思う箇所を自ら見つけ、人物の行動や考えに対して読み手の意見を書く。

場面全体を通して、言ってあげたいことを書く。

なきなきふもとの医者様へ走った。

豆太はじさまが大すきだから、何かあっても助けたいんだね。がんばれ。

STEP 3 場面ごとや、作品展開の節目でミニ感想を書く。

授業の最後に、自分の読みや話し合った内容を思い返しながら、その場面についての感想を書く。作品展開の節目で、それまでの場面を読み返して感想を書く。それらの感想は、作品全体を終えて書くものとは違い、限られた時間で書く短いものでよい（ミニ感想）。

STEP 4 友達の発言について評価し、自分の読みと比較する。

毎時間の話し合いでよかったと思う発言者の名前を書き、その理由についてできれば書く。発言内容で心に残ったことや自分がまねをしたいと思う点を書く。教師は、次時において、これらの振り返り内容を次の展開につなげられるように生かす。

指導のポイント

❶ どのような表現に着目すればよいのかを、最初は教師が指定する。その後、自ら着目できるように指導する。

❷ ミニ感想は、プリントなどに掲載して、全体に共有できるようにする。

❸ 振り返りについては無理をさせず、モデルを共有することで浸透させる。

方言マンガ集・方言CDを作ろう

教材 方言と共通語（教出・5年）

[準備物] 原稿用紙、便せん、色鉛筆、切手、上質紙

○ 他の地域の学校に漫画を送って、地域で使用している言葉に直してもらい、方言漫画集や方言CDを作る活動

活動を通して付けたい力

マンガ集・CD作りを通して共通語と方言について考える使う力・交流する力

- ・方言と共通語のよさを知る力
- ・手紙・リモートでの話し合い・音声メッセージを通して、他地域の児童と交流する力
- ・他教科と横断的に活動を組み、調べたりまとめたりする力

どんなときに取り入れるか

● **他地域と交流して、言葉の多様性を知らせたいとき**

● **方言のよさを知らせたり、方言を使って話す力をつけたいとき**

● **横断的な教科活動を通して、他校の児童との交流をしたいとき**

この言語活動にふさわしい教材

①いくつかの言葉を具体的に取り上げ、各地方での言い方を紹介している教材

②地域の語彙やイントネーション、アクセントの違いを取り上げている教材

③実際の言語運用の場面や条件などに言及している教材

④リーフレットやパンフレットの作り方などの活動掲示している教材

ふさわしい教材例

★「**方言と共通語**」（光村・5年）

★「**方言と共通語**」（東書・5年）

★「**方言と共通語**」（教出・5年）

★「**方言と共通語**」（学図・5年）

言語活動の手順例

STEP 1 交流校や協力校に送るマンガを選ぶ。

「方言と共通語」を読み、他地域の小学校などにマンガを送り、方言に書き直して送り返してもらう活動をすることを知る。

なるべく多くの人が知っている漫画を選び、「吹き出し」を方言にしてもらうのに適切な場面を選ぶ（そのまま使う場合と児童が描く場合もある）。

STEP 2 交流校や協力校にマンガを送る。

交流校や協力校に送り、吹き出しを方言に書き直して、返送してもらう。可能ならば、実際に「吹き出し」のセリフを音読して録音して送ってもらう。オンラインで交流できるならば、さらによい。マンガを送るときに、依頼状の書き方も学ばせる。

STEP 3 マンガ集と方言ＣＤを作る。

送ってもらったマンガをまとめて方言マンガ集を作る。マンガ集に合わせた付属音声ＣＤを作る。マンガ集はまとめるだけでなく、「方言クイズ」「方言比較表」など、返送されたマンガをもとにまとめたものを載せると面白い。

STEP 4 交流校や協力校との交流活動を通して、同じ教材の読み比べをする。

オンライン会議システムなどを使って「大造じいさんとガン」の読み比べなどをする。音読が上手になるうえに、同じ教材を読んでいるのに別の地方とアクセントやイントネーションなどが違うことに気づく。

STEP 5 お礼状を書く。

🔑 指導のポイント

❶マンガやコマを選ぶときに、生活感のある会話が行われている「吹き出し」のあるものを選ぶように助言する。

❷オンライン会議システムの操作法や交流の際のエチケットなどについて指導する。教師は相手校との打ち合わせを含めて、十分な準備を行う。

❸依頼状の書き方を指導する。お世話になったらお礼状を必ず書くことを指導する。

紙芝居作り

教材 いなばの白うさぎ（光村・教出・2年）

[準備物] 画用紙、文章用の用紙、色鉛筆、クレヨン、絵の具などの画材

○ 場面の様子を読み取り、そこから想像したことを絵として表現し、紙芝居の文章を音読する活動

活動を通して付けたい力

場面の様子を書かれている言葉や文に着目し、想像しながら読む力

- ・登場人物のだれが、何をしたのかをとらえる力
- ・様子を表す言葉や文に着目して、場面の様子を想像する力
- ・言葉や文に着目して、登場人物の気持ちの変化や行動を想像する力

どんなときに取り入れるか

●**場面の転換をとらえたり、その場面の様子をとらえたりしたいとき**

「場面」を意識させたいときや、場面の様子、登場人物の様子をとらえさせたいとき。

●**読書につなげたいとき**

読み取ったことを絵で表したり、音読で表現させたりする活動を通して、互いにおすすめの本を紹介し合い、様々な本にふれさせたいとき。

この言語活動にふさわしい教材

①場面の転換がはっきりしている作品
②特徴的な登場人物が出てくる作品
③象徴的なものが背景としてあるような作品
④登場人物の会話が入っているような作品

📖 **ふさわしい教材例**

★「おとうとねずみチロ」（東書・1年）

★「ヤマタノオロチ」（学図・2年）　★「かさこじぞう」（東書・教出・学図・2年）

★「モチモチの木」（光村・東書・教出・学図・3年）

言語活動の手順例

STEP 1 紙芝居作りという言語活動の「相手意識」と「目的意識」と具体的な「方法」を確認する。

　　　　●相手意識・幼稚園児や1年生に昔話を聞かせる。
　　　　　　　　　・幼稚園や1年生の先生から昔話を聞かせてほしいというような依頼をしてもらえるとよい。
　　　　●方法・絵の裏に文章の紙を貼ること、めくったときに文章を読むということを理解して、1枚ずつずらして貼ることを知る。

STEP 2 「いなばの白うさぎ」を教材として、紙芝居を作成する。

　　　・登場人物、場面の数を確認する。
　　　・グループで分担して絵を描いたり、文を書いたりする。

STEP 3 図書室に行っておすすめの昔話を選び、グループで読み、描く絵の大体を考え、その絵の場面と文を結びつける。

　　　・4人のグループを作り、1人2場面程度の絵を担当する。
　　　・絵と文が対応しているかを、グループの仲間で話し合い、確認する。

STEP 4 担当した絵と文を画用紙や用紙に書く。

　　　・文は別の用紙に書き、できあがったら絵と組み合わせる。

STEP 5 自分の担当した場面を聞き手に伝わるように工夫しながら音読する。

　　　・グループ内で感想交流をする。

STEP 6 学級内での発表会後に、幼稚園児や1年生に向けて音読発表する。

🔍 指導のポイント

❶導入の工夫として、昔話を読む必然性や目的を意図的に作れるようにしておく。教師が挿絵を見せずにお話だけを読んでやり、「絵があるともっと理解できるね」というような流れにもっていくとよい。

❷絵は印象的な部分となることが予想される。その絵がどの場面から考えられたのかを明確にする。

❸紙芝居なので、絵と文を同じ用紙には書かないので注意。

お話シアター

教材 どくしょびじゅつかんをつくろう（学図・1年）

[準備物] 好きな本を題材に書いた絵・掲示板、イーゼル

○ 好きなお話を選んで描いた絵を、「本のびじゅつかん」を開いて交流し、本の楽しさを伝え合う活動

活動を通して付けたい力

お気に入りの本を読んで感じたことやわかったことを共有する力

- お気に入りの本を読んで絵を描き、仲間と感想を交流する力
- お気に入りの本の絵を描いて、その絵に題名をつけて、本の魅力を紹介する力

どんなときに取り入れるか

● **好きな本の交流会を開いて、内容や感想を交流したいとき**

友達に紹介したい物語や絵本の内容や感想を交流し合いたいとき。または、この活動をきっかけに読書への興味・関心を高めたいとき。

● **「お話シアター」を作って交流するとき**

タブレット端末を活用して、お話を紹介するスライドショー「お話シアター」を作成して、好きなお話を交流し合うとき。

この言語活動にふさわしい教材

①むかし話や神話・伝説　　②外国のお話
③場面の情景が想像しやすい作品

ふさわしい教材例

★日本のお話：かぐやひめ／わらしべちょうじゃ／ふしぎなたいこ　など
★外国のお話：はだかの王さま／ブレーメンのおんがくたい／三びきのやぎのがらがらどん　など
★「スイミー」(東書・教出・1年／光村・学図・2年)
★「かさこじぞう」(東書・教出・学図・2年)

言語活動の手順例

STEP1 読んだお話の場面や出来事を絵に描いたものを、タブレット端末を使って「お話シアター」のスライドショーを作成し紹介し合うという、学習活動のイメージをつかむ。

STEP2 教科書に紹介されている本などを参考にして、本を選んで読む。何冊か選んだもの中から、一番気に入ったものを選び、題名や作者などをメモする。

STEP3 紹介する本の中で、心に残った場面や出来事を絵に描く。
大きさは、画用紙からポストカードまで児童の実態に応じて選ぶ。

STEP4 描いた絵を紹介するカード（スライド）を作る。
絵と合わせて紹介することで、お話の面白さが伝わるような絵のタイトルを工夫してつける。

STEP5 できあがった「お話シアター」のページをタブレット端末等で撮影し、編集することでスライドショーを作成する。

STEP6 できあがった「お話シアター」を鑑賞しながら、自分の好きな本を紹介したり、友達の選んだ本の面白さを感じ取ったりする。

🔑 指導のポイント

❶自分が読んだ本の面白さが伝わるように、発表の仕方を工夫する。

・紹介したい場面を描いた絵

・絵から、物語の面白さが伝わってくるようなタイトル

・物語の面白さが伝わってくる発表（音声、表情／動作、小道具等）

❷物語のジャンルをまとめて見てもわかりやすい。

本のどうぶつえん

教材 きつねのおきゃくさま（教出・学図・2年）

[準備物] 各社の小学校国語教科書、あるいは図書館蔵書、カード

○ 動物を題材として取り上げた教材・作品を集めて紹介し合う活動

活動を通して付けたい力

教材が取り上げている題材に着目して読書を広げる力

- ・登場人物を手がかりに多くの読み物を探索的に読もうとする力
- ・自ら本を撰び、その内容を友達に伝える力

どんなときに取り入れるか

●登場人物を手がかりに読書範囲を広げさせたいとき

題名や表紙の絵、挿絵などから同じ動物を探すことができる。

●話のあらすじや登場人物について話し合わせたいとき

ストーリーの概略や登場人物の特徴などについて話すことができる。

●友達に自分の好きな本や探した本を紹介したいとき

ここでは「動物」を題材とする本を集めたので「動物園」としているが、同じ発想で「植物園」「果樹園」「野菜畑」「お花畑」「博物館」「幼稚園・保育園」「プラネタリウム」なども考えられる。

この言語活動にふさわしい教材

①動物が登場人物である作品
②登場人物を魅力的に書いた挿絵が掲載されている作品

ふさわしい教材例

★「たぬきの糸車」（光村・1年）

★「お手紙」（教出・1年／光村・東書・学図・2年）

★「スイミー」（教出・1年／光村・東書・学図・2年）

★「はりねずみと金貨」（東書・3年）

言語活動の手順例

STEP 1 4〜5人のグループに分かれる。「きつねのおきゃくさま」の登場人物をそれぞれ小さなカードに書く。挿絵をコピーして、切り抜く。

STEP 2 それぞれの動物ごとに動物の家（部屋）を作り、そこに動物を置く。「きつねのおきゃくさま」の場合は、「きつねの家」「うさぎの家」「あひるの家」「ひよこの家」「おおかみの家」ができる。

STEP 3 手分けして、きつねの登場するお話、うさぎの登場するお話など、登場人物を手がかりに、別の教科書の教材から探して、その絵をカードなどに書く。たとえば、きつねなら「名前を見てちょうだい」（東書・2年）に出てくる。その教材文を読んで、きつねのセリフや印象的な表現などもメモしておく。

STEP 4 手分けして、きつねの登場するお話を図書館などで選び、その絵をカードに書く。たとえば、「イソップ寓話」には、きつねの出てくる話がたくさんある。ここでは「きつねとぶどう」を取り上げた。

STEP 5 「きつねの家（部屋）」に、グループで集めたカードを貼る。いくつかの作品に出てくるきつねが同じ家（部屋）に集まる。

STEP 6 大きな模造紙に「きつねの家（部屋）」や、「うさぎ」などを貼り付けて、「本のどうぶつえん」を作る。グループの中で、この動物の出てくる話について、互いに紹介し会う。

🔍 指導のポイント

STEP 6 では、自分の選んだ話をまず簡略に紹介し、次に来る動物について、話ができるようにしたい。うまく話せないときは「どんな話？」「どんなきつねの？」などと、聞き合うことがよいことをアドバイスする。

おなじ「きつね」でも、それぞれの話の中における役割や、それぞれの性格に違いがあることが話題になると面白い。

他者の視点で書き換える

教材 帰り道（光村・6年）

[準備物] 教科書、ノート・ワークシートなど

○ 一人称視点で書かれた物語を、第三者の視点（三人称視点）で書き換えることで、登場人物の人物像や相互関係について考える活動

活動を通して付けたい力

人称視点の効果に着目し、登場人物について具体的に想像して読む力

- 一人称視点で表現される登場人物が見ているものや心情を読む力
- 三人称視点で表現される登場人物の行動や心情を読む力
- それぞれの視点で表現されていることから人物像や相互関係を読む力

どんなときに取り入れるか

●**登場人物の人物像を様々な視点からとらえたいとき**

一人称視点の作品は登場人物自身の語りで進む。第三者からの見方も取り入れ多面的に人物像をとらえる力をつけたいとき。

●**視点の違いによる表現の効果に着目し相互関係をとらえたいとき**

三人称に書き換えることで複数の登場人物の心情や行動を考え、一人称ではとらえづらい登場人物の相互関係を具体的に想像したいとき。

この言語活動にふさわしい教材

一人称視点で書かれた作品で、登場人物の内面が描かれている作品

「他者の視点で書き換える」ということは、一人称の視点に自分を重ねて読んでいた作品を、客観的な見方で読み直すということになる。

視点の効果を考え多面的に読む力をつけることができる。

ふさわしい教材例

★「カレーライス」（光村・5年）　★「ヒロシマのうた」（東書・6年）

★「川とノリオ」（教出・学図・6年）　★「きつねの窓」（教出・学図・6年）

言語活動の手順例

STEP1 一人称視点と三人称視点の表現の効果について知る。

一人称視点で書かれた物語を、教師が三人称視点に書き換えたもの（三人称を一人称に書き換えたものでも可）を提示し、視点による表現の違いについて知る。

〇一人称視点

・登場人物の心情やものの見方がよくわかる。その反面、視点人物から見たものしか表現できない。

・視点人物以外の心情や内面を表現することが難しい。

〇三人称視点

・第三者の視点で表現されるため、複数の人物の心情や行動を表現でき、登場人物の相互関係がとらえやすい。その反面、客観的に見たものしか表現できない。

・登場人物の内面や考え方を表現するのが難しい。

STEP2 「帰り道」を読む。

律と周也の一人称視点で物語が進むことを確認する。

律と周也の人物像や相互関係を考える。

STEP3 読み取ったことをもとに、律と周也の視点で書かれた「帰り道」を三人称視点で書き換える。

「1」と「2」の場面で同じ出来事を律と周也の視点で描いている。

二人の登場人物の相互関係や人物像を考えながら、第三者の視点で一つの物語に書き換える。

STEP4 書き換えたものを読み合い、登場人物の人物像や相互関係をどのように表現しているか交流する。

🔑 指導のポイント

●教材を読む前に人称視点の効果や、表現の違いについて確認しておく。

一人称視点と三人称視点でどのような違いがあるのかを確認しておくことで、教材を読む際も視点を意識して読むことができる。また、三人称視点においても、限定、全知、客観などがあることを教師が理解し、書き換える際にどの書き方で書くのかを指導できるようにしておきたい。

「題名」を書き換える

教材 『あとかくしの雪』（岩波少年文庫・日本民話選）

[準備物] 題名を書いた両面マグネットの付いた短冊

○ 作品の設定や構造、題名から作品のテーマをとらえる活動

活動を通して付けたい力

作品のテーマをとらえる力

・「いつ」「どこ」「登場人物」等の設定をとらえる力

・「出来事」の因果関係をとらえる力

・設定や出来事の因果関係から作品のテーマを解釈する力

どんなときに取り入れるか

●題名に着目して意味を考えさせたいとき

　題名は、登場人物や山場、作品のテーマなどを表していることを理解する。

●作品の設定や構造、題名から作品のテーマを考える姿勢を身につけさせたいとき

　設定や出来事から生まれる因果関係と題名との関係をとらえ、そこから作品のテーマをとらえる力をつける。

この言語活動にふさわしい教材

①作品のテーマやメッセージを象徴するものが題名になっている作品

②設定が明確にとらえられる作品

③出来事と因果関係がとらえやすい作品

④登場人物の行動から人物像がとらえやすい作品

ふさわしい教材例

★「海の命」（光村・東書・6年）

★「走れ」（東書・4年）

★「お手紙」（教出・1年／光村・東書・学図・2年）

★「ヒロシマのうた」（東書・6年）

言語活動の手順例

STEP1 題名を書いた短冊を裏返しにして黒板に貼り、題名を考える活動であることを知る。

STEP2 題名を抜いた「あとかくしの雪」を配り、範読を聞く。

STEP3 作品の設定を共有する。

　　　・質問の仕方（例）

　　　　例① T「作者はだれですか?」→C「書かれていない。昔話だからかな。」

　　　　例② T「いつの話ですか?」

　　　　　→(季節)冬、(月日)旧の十一月二十三日、(時刻)もう暗くなったころ

　　　　例③ T「場所はどこ?」→あるところ、貧乏な百姓の家

　　　　例④ T「登場人物はだれが出てきましたか?」　→　百姓、旅人

STEP4 出来事と因果関係を共有する。

　　　　例　T「百姓が困ったことを3つ挙げましょう。」

　　　　　(1)旅人が泊めてくれないかと頼んだ。→泊めてあげた。

　　　　　(2)出すものがない。→隣の大きな家から大根を盗んで食べさせた。

　　　　　(3)足跡が残ってしまった。→雪が足跡を隠した。

STEP5 題名を考えて伝え合う。

　　　・児童の考える題名（例）

　　　　「やさしいお百姓」「貧乏なお百姓」「なぞの旅人」「雪の上の足跡」「大根どろぼう」

STEP6 作品の題名を聞いて、感想を伝え合う。

　　　教師が裏返しにしていた題名の短冊を表にして黒板に貼り直す。

　　　→昔話だから人間としていいことをするべきだと伝えているのかな。

指導のポイント

❶作者に着目させることで、「昔話」というジャンルの作品であることに気づかせる。

❷設定の観点は、「いつ」「どこ」「登場人物」等、こちらから具体的に提示する。

❸「出来事」と因果関係とのつながりは、「中心人物が困ったこと」という見方からとらえられるようにする。

❹題名と、作品のジャンル、設定、出来事と因果関係を結びつけて、作品のテーマを解釈できるようにする。

図に描きながら読む

教材 川をさかのぼる知恵（教出・3年）

[準備物] A4用紙1枚またはノート見開き、色鉛筆

○ 説明されている事柄を、具体的な図に描く方法を用いて読んで、その事柄に対する自分の考えや感想を表現する活動

活動を通して付けたい力

説明されている事柄を図に描いて関連づけて読む力

・説明されている事柄を順序にしたがって読み取る力
・図に描くことにより事柄と事柄の関係を読み取る力
・図に描いた事柄をもとに、自分の考えを表現する力

どんなときに取り入れるか

●**説明的文章における事柄を図に書くことでイメージ化するとき**

説明文に書かれている内容は、児童にとって初めて知る内容が多くある。書かれている事柄を図に描くことでイメージ化して読み進めるとき。

●**事柄や取組を順序に沿って整理するとき**

事柄や、人々が取り組んだことなどの叙述の文と、絵や図を組み合わせて整理することで、自分の思いや考えをもつ。

この言語活動にふさわしい教材

①説明的文章で、事柄や手順が順序よく書かれている作品
②説明的文章で、研究の取組が経年で順序よく書かれている作品
③叙述の文と挿絵を対応しながら図を描くことでわかりやすくなる作品

ふさわしい教材例

★「すがたをかえる大豆」（光村・3年）
★「ウナギのなぞを追って」（光村・4年）
★「動物たちが教えてくれる海の中のくらし」（東書・5年）
★「雪は新しいエネルギー」（教出・6年）

言語活動の手順例

STEP1 教材文を読み、見沼通船堀が必要になった理由を話し合う。

　　　見沼通船堀のある場所の特徴とともに「東西二つの見沼代用水と芝川」「パナマ運河をつうかする船」と対比させ、高低差のある場所を行き来することが必要になった理由を話し合う。

STEP2 見沼通船堀のしくみについて、図に描きながら読む。

　　　あらかじめ川の水位と関の位置だけ図を用意しておき、その図に水位や船の位置の絵と箇条書きの説明を書き加えていく。

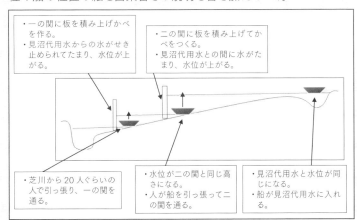

- 一の関に板を積み上げかべを作る。
- 見沼用水からの水がせき止められてたまり、水位が上がる。

- 二の関に板を積み上げてかべをつくる。
- 見沼代用水との間に水がたまり、水位が上がる。

- 芝川から20人ぐらいの人で引っ張り、一の関を通る。

- 水位が二の関と同じ高さになる。
- 人が船を引っ張って二の関を通る。

- 見沼代用水と水位が同じになる。
- 船が見沼代用水に入れる。

STEP3 書いた図を使って、友達と説明し合い、感想を伝え合う。

　　　図を使って見沼用水の説明をしながら、三百年前の人々の知恵について感想をもてるようにする。

指導のポイント

❶図に描く活動では、児童が絵と説明を両方とも書き込めるようにする。

❷グループで一緒に、大きな図を協働して書いていくこともできる。

❸説明的な文章では、時間や事柄の順序をたどって、図に表して描き、再構成することで、主体的に読む力が育つ。

短歌を物語に書き換える

教材 短歌の世界（教出・4年）

[準備物] 短歌から創造した作文を書く用紙

○ イメージを広げ、自分の経験を呼び起こしながら、短歌を物語（詩、手紙、日記なども可）に書き換える活動

活動を通して付けたい力

短歌を想像力豊かに鑑賞し、それをもとに一つの文章世界を形作る力

- 短歌の語句から想起される世界を想像し、イメージを広げて読む力
- 鑑賞したことに基づいて自分の経験を呼び起こし、文章を組み立てる力

どんなときに取り入れるか

● 我が国の短詩型文学の魅力を知って、読書の範囲を広げて読もうとする態度を育てたいとき

● 短歌の鑑賞をもとに自由に創作する楽しさに気づかせたいとき

短歌と自分が書いたものを並置したときに生じる、ある点ではつながりながら、距離のあるもの同士が響き合う面白さもとらえさせたい。友達の作品からも、その発想や文章を学ばせたい。

この言語活動にふさわしい教材

俳句。短歌。漢詩。

連句（2句〈五七五・七七〉で終わる付け句。

3句〈五七五・七七・五七五〉で終わる三つ物）。

省略が効いた短いもの。

📖 **ふさわしい教材例**

★「短歌・俳句に親しもう」（光村・4年）　★「日本各地の短歌」（学図・4年）

★「心が動いたことを三十一音で表そう」（東書・5年）

★「漢詩」（学図・6年）

言語活動の手順例

STEP1 短歌や俳句などの説明を聞いた後で、各自で音読し、「好きだな」「詩やお話が書けそうだな」と思うものを一つ選ぶ。

STEP2 自分が選んだ短歌や俳句の周囲に、季節、時間帯、目・耳・鼻・口・肌で感じるもの、一首全体の雰囲気、作者の思い等を想像して、書き込みをする。短歌の言葉にサイドラインを引いて、そこから連想する言葉を書き連ねて、イメージを広げてもよい。

STEP3 同じ短歌や俳句を選んだ者同士が集まり、1人ずつ紙に書いたことを見せながら、イメージの広がり、書き換えのアイデアなどについて話し合う。

「似た光景を見たことあるかな？」「私は誰？どこにいる？何をしている？」「周りには何がある？誰がいる？」などを交流してノートに書く。

STEP4 清書用紙に清書し（短歌を1行目に書き、描きたい児童は絵も余白に描き添える）、壁に貼って読み合う。

春すぎて夏来たるらし白たへの
衣ほしたり天の香具山

持統天皇

弟は、来年は私といっしょに小学校へ行くと言って、はりきっているのです。そこで遠足の練習をしようと、二人で近所を散歩することにしました。気持ちよく歩いていたのですが、よく晴れていた日だったので、すっかりシャツが汗ばんでしまいました。次の日、裏山の青葉を背景にして、二枚のTシャツが高々と干されていました。夏のような日差しの中でシャツの白さがまぶしかったです。

🖎 指導のポイント

❶短歌や俳句を物語文や詩で表現してもいいし、内容から少し離れた物語を書いてもいい。どの子も書き換えられるよう、机間巡視の時に必要なアドバイスをする。

❷デジタル教材（教科書）などの写真資料や動画を活用する。

全知視点で書き換える

教材 ちいちゃんのかげおくり（光村・3年）

[準備物] 教科書、ノート

○ 三人称限定視点で書かれた物語を、三人称全知視点に書き換えることで複数の登場人物の行動や気持ちについて考える活動

活動を通して付けたい力

複数の登場人物に焦点をあて気持ちや情景を具体的に想像する力

・複数の登場人物の気持ちを考え、登場人物同士の関係性を読む力

・複数の登場人物に焦点を当て、気持ちの変化や情景、場面の移り変わりを具体的に想像する力

どんなときに取り入れるか

● **複数の登場人物の気持ちを考え、登場人物の関係性を考えたいとき**

一人の登場人物だけの気持ちの変化を読んでいくのではなく、他の人物の気持ちも考えることで、それぞれに対する思いをとらえ関係性を読みたいとき。

● **登場人物の気持ちの変化や情景を具体的に想像したいとき**

複数の登場人物から見える様子を描写し、気持ちの変化や情景について場面の移り変わりと結びつけて具体的に想像する力をつけたいとき。

この言語活動にふさわしい教材

①三人称限定視点で書かれている作品

②一人称視点で書かれている作品

③登場人物が複数いる作品

④視点人物とそれ以外の登場人物の関わりや関係性が強い作品

📖 **ふさわしい教材例**

★「ごんぎつね」（光村・東書・教出・学図・4年）

★「ポレポレ」（学図・4年）

★「わたしはおねえさん」（光村・2年）

言語活動の手順例

STEP1 三人称限定視点と三人称全知視点の違いについて知る。

〇**三人称限定視点**：客観的な第三者の視点で書かれているが、ある限定された登場人物の心の中だけが見える文章。

例：スイミーはおよいだ、くらい海のそこを。こわかった。さびしかった。とてもかなしかった。（「スイミー」光村・２年）

〇**三人称全知視点**：客観的な第三者の視点で書かれているが、全ての登場人物の心の中が見える文章。

例：ふたりとも、かなしい気分で、げんかんの前にこしを下ろしていました。（「お手紙」光村・２年など）

三人称全知で書く際には、全ての登場人物の気持ちや、気持ちの変化がわかっていないと書けないことを確認する。

STEP2 「ちいちゃんのかげおくり」を読む。

ちいちゃんに限定された三人称限定視点で書かれていることを確認。ちいちゃんの気持ちの変化や情景を読む。

STEP3 「ちいちゃんのかげおくり」を全知視点で書き換える。

全知視点で書き換える際には、ちいちゃん以外の登場人物や物の視点に立って気持ちや考えを入れて書くことを確認する。

STEP4 書き換えたものを読み合い、気持ちや情景をどのように書いているかを交流する。

交流する際には、ちいちゃん以外の登場人物の気持ちや情景をどのように表現しているかに着目するように伝える。また、なぜそのように表現したのかも説明できるようにする。

🔑 指導のポイント

●教材を読む前に三人称限定視点と全知視点の違いを確認しておく。

視点人物以外の気持ちを考えることで、登場人物同士の関係性やそれぞれに対する思いを読むことができる。気持ちの読み取りで終わるのではなくそれぞれの登場人物の気持ちがどのように関係し、どのように影響しているのかについて目を向けられるようにしたい。

「登場人物日記」を書く

教材 ごんぎつね（光村・東書・教出・学図・4年）

[準備物] 罫線が印刷された用紙、のり、赤と青の色鉛筆かペン

○ 登場人物の行動や気持ちの変化を想像しながら、登場人物になりきって日記を書く活動

活動を通して付けたい力

登場人物の気持ちの変化について、場面の移り変わりと結びつけて具体的に想像して読む力

- ・情景を表す言葉に着目して、登場人物の気持ちの変化を想像する力
- ・行動を表す言葉に着目して、登場人物の気持ちの変化を想像する力

どんなときに取り入れるか

●文章中に書かれていない人物の心情を想像したいとき

行動や会話文、情景描写などの叙述から、行動や気持ちを想像する力をつける。

●意欲的に書くことを身につけさせたいとき

想像を膨らませて登場人物に着目して読み、感じたことを思いつくまま書く楽しさや面白さに気づかせる。

この言語活動にふさわしい教材

①登場人物の行動や気持ちの移り変わり、性格を想像しやすい作品

②場面の転換がはっきりしている作品

③登場する人物の人数が多すぎない作品

④登場人物の相互関係を手がかりに、人物の気持ちを想像しやすい作品

ふさわしい教材例

★「プラタナスの木」（光村・4年）

★「大造じいさんとガン」（光村・東書・教出・学図・5年）

★「一つの花」（光村・教出・東書・4年）

言語活動の手順例

STEP1 「ごんぎつね」全文を読んで、内容の大体をとらえる。

登場人物の気持ちの変化や場面の移り変わりについてとらえる。

情景を表す言葉に着目させ、その言葉から感じる気持ちを想像する。

日記帳を見て「登場人物日記」のイメージをつかむ。

STEP2 場面毎にごんと兵十の行動を、赤と青で色分けをして線を引く。

登場人物の行動から気持ちを想像して、線の隣に考えたことを書く。

STEP3 書いたものを共有する。

友達の考えを聞いて、友達の
考えの意図について　質問し
合ったり、友達の考えを参考
にして、付け足したりする。

STEP4 登場人物日記を書く。

行動から気持ちを想像したこ
とをもとにして、登場人物になりきって日記を書く。1から5場面は
同じ登場人物で日記を書くように伝える。

（→ **STEP3** の繰り返し）

STEP5 6場面では、ごんか兵十どちらかの日記を書く。

6場面では、主に兵十についての行動が書かれているため、兵十側
の視点に立って日記を書くことで、兵十の後悔に気がつき、二人の
気持ちのすれ違いに目を向けることができる。二人の気持ちのすれ
違いに気づくと、最後の情景描写に対する理解につながる。

🔑 指導のポイント

❶行動から考えて、気持ちを考えるように助言すると、登場人物になりきって
日記を書きやすい。

❷登場人物の気持ちについて考えたことを板書するなどして整理すると、苦
手な児童でも取り組みやすい。

❸児童の実態に応じて、全場面の日記を書かずに場面を選んで書くとよい。

登場人物同士が手紙を書く

教材 帰り道（光村・6年）

[準備物] 特になし（ワークシートや便箋などがあるとよい）

○ 登場人物同士の相互関係や心情の変化について描写をもとにとらえたことを、自分の経験などを関連づけ、登場人物になって手紙を書く活動

活動を通して付けたい力

登場人物の相互関係や心情について、描写をもとにとらえる力

- ・心情を表す描写を関連づけながら、ゆれ動く心情を想像して読む力
- ・視点の違いに着目し、人物像をとらえながら読む力
- ・自分の経験などと比較し、登場人物の関係の変化を想像して読む力

どんなときに取り入れるか

●登場人物の相互関係をとらえたいとき

視点の異なる二つの文章を比較し、登場人物同士の気持ちのすれ違いや互いのよさを認め合う様子を読む力をつけたいとき。

●登場人物の心情の変化をとらえたいとき

手紙の文章を書くことで、登場人物の会話文や心内語、情景描写などから心情の変化を想像する力をつけたいとき。

この言語活動にふさわしい教材

①児童の実態に近い、小学校高学年程度の登場人物が扱われている作品
②二人以上の登場人物の相互関係が描かれている作品
③会話文や情景描写によって登場人物の心情が暗示されている作品
④明るい結末で、児童が続きを想像したいと思えるような作品

ふさわしい教材例

★「なまえつけてよ」（光村・5年）　★「いつか、大切なところ」（教出・5年）
★「みちくさ」（学図・5年）　★「風切るつばさ」（東書・6年）

言語活動の手順例

STEP1 教師が作成した「手紙」のモデルを参考に、手紙を書くために必要な「読みの視点」を考える。

【心情に関わる視点】　会話文、心内語、それぞれの人物が見ているものの表現など

【相互関係に関する視点】　自分自身をどのように見ているか

相手のことをどのように見ているか

STEP2 二人の人物像や心情変化がわかる言葉に着目しながら読み、それぞれの心情変化や二人の関係性をもとに自分の感想や考えをもつ。

教材文の全文が書かれたワークシートを用いて、それぞれの視点から描かれた文章を比較したり、関連づけたりしながら読む。

STEP3 考えたことをもとに、「手紙」を書く。

手紙を書く際には、作品から考えたこととともに自分の経験と関連づけて書くことで、より楽しく手紙を書くことができる。

> 周也へ
> 「ほんとに両方、好きなんだ。」って、勇気をふりしぼって言ったのに、しどろもどろの頼りない声になっちゃった。何も言わなかった周也は、いつもの周也らしくなかったけど、ぼくの気持ちを分かってくれた気がしたよ。昨日の帰り道、いつもと変わらずしゃべる周也を見て、昼休みのことをぼくだけが引きずってるんじゃないかと思ってたんだ。でも、周也も何か考えてくれてたんじゃないかって、今は思うよ。
> 思ってることがなかなか言えないぼくと、どんなこともテンポよく乗り越える周也がすごいなって思って。今日、勇気をふりしぼって言えたはたった、ぼくも少しずつ気持ちをはっきり言えるようになりたい。
> 今日の帰り道は、久々に心の底から笑って楽しかった。また、野球の練習が休みのときに、一緒に帰ろうよ。
> 律

STEP4 「手紙」を用いて感想交流をする。

【予想される交流でのやり取り】

・手紙を書いた意図を、叙述をもとに説明する。

・自分の経験などを踏まえて、友達の書いた手紙に感想を伝える。

🔍 指導のポイント

❶例えば天気雨に降られる前後での登場人物のちょっとした変容など、ゆれ動く心情が暗示されていることが多い。暗示されている点に気づきにくい児童には、具体的な視点を与えるとよい。

❷手紙を書き進めることが難しい児童には、登場人物と似たような経験をしたことがないか振り返ると効果的である。

故事成語をマンガに書き換える

教材 故事成語（教出・4年）

[準備物] 画用紙、筆記具、国語辞典、漢字辞典など

○ 故事成語のもとになった故事や言葉の意味を調べ、それをマンガに書き換え、友達と紹介し合う活動

活動を通して付けたい力

故事成語の成り立ちや意味を理解して、我が国の言語文化に親しむ力

- 故事成語の意味や成り立ちを、国語辞典などを活用して調べることができる力
- 故事成語の特徴を知り、自分の生活と結びつけてとらえ、理解する力

どんなときに取り入れるか

●成り立ちや意味を調べて、故事成語に興味をもたせたいとき

長い間使われてきた故事成語の成り立ちや意味を積極的に知ろうとし、マンガに書き換えることで、より身近に感じて親しんでほしいとき。

●日常の言語生活に故事成語を生かすようにしたいとき

自分の経験や生活と故事成語とを結びつけ、実際の日常生活の中で適切に使いこなすことができるようにしたいとき。

この言語活動にふさわしい教材

①自身の生活経験に結びつけやすい「**五十歩百歩**」のような作品。
②たとえ話が興味を引きつける「**漁夫の利**」のような作品。
③ことわざ「わがふり直せ」に通じる「**他山の石**」のような作品。
④漢字の意味から言葉の意味が連想される「**助長**」のような作品。

ふさわしい教材例

★「**ことわざ・故事成語**」（光図・3年）　★「**ことわざ・慣用句**」（教出・3年）
★「**ことわざと故事成語**」（東書・4年）　★「**故事成語**」（教出・4年）
★「**ことわざ・故事成語**」（学図・4年）

言語活動の手順例

STEP1 故事成語の特色を知り、知っている故事成語について話し合う。

故事成語は、中国に伝わる古い出来事や物語をもとにできた短い言葉で、それが日本語で長い間にわたって使われてきたことをつかむ。大人の会話で耳にしたり、読書で目にしたりしたものを出し合う。

STEP2 代表的な故事成語について成り立ち、意味、使い方を知る。

「五十歩百歩」を例に、成り立ち（由来・故事・語源）、意味、使い方を確かめ、面白さについて理解する。

STEP3 興味のある故事成語を選び、成り立ち、意味、用例などを調べる。

国語辞典や漢字辞典、故事成語について書かれた児童書などで調べる。

⇒各自が調べる故事成語は板書し、全体で確認するようにしておく。

STEP4 選んだ故事成語の成り立ちや意味をマンガに書き換える。

１コマ～４コマの中から、自分で描きやすいコマ数を選ぶ。

場面設定をもとに、キャラクター、台詞、吹き出しの有無、オノマトペの有無などを考える。

描いたマンガを友達と紹介し合い、意見を交流し、感想をまとめる。

⇒全員の作品を教室に掲示し、学級全体で交流できるようにする。

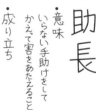

🔑 指導のポイント

❶発展として児童の日常生活の中で故事成語が使えそうな場面を想像してマンガを作ったり、劇にしたりすることも考えられる。

❷漢字辞典を積極的に利用する。故事成語の意味だけでなく、構成するそれぞれの漢字の意味も合わせて調べ、理解を深めるようにする。

❸「杞憂」などの学習していない漢字は、読み方を指導しておく。

右端の欄外縦書き：

5

書き換えながら［読む］

架空座談会「ノリオとゆみ子」

教材 川とノリオ（教出・学図・6年）、一つの花（光村・東書・学図・4年）

[準備物] 教科書または教材全文が掲載されているコピー

○ 二つの物語「川とノリオ」と「一つの花」を重ねて読んで、登場人物の「ノリオ」と「ゆみこ」が語り合うという設定の「架空座談会」を想像して書く活動

活動を通して付けたい力

二つの教材を「読むこと」において、人物像や物語の全体像を具体的に想像したり、表現の効果を考えたりする力

・登場人物の相互関係や心情などについて、描写をもとにとらえる力

・文章を読んでまとめた意見や感想を広げる力

どんなときに取り入れるか

●二つの物語の世界を比較して、より深くそれぞれの登場人物の心情と叙述とを関連づけて読みたいとき

●「平和」や「戦争」などのテーマについて「総合的な学習の時間」などの学習と関連づけて合科的に学び追究していきたいとき

この言語活動にふさわしい教材

①同じテーマで扱っても違和感がない教材二つ

②児童の「今」関心をもっているテーマや、「学校」や「地域」の課題につながるテーマなどに関連する教材

③登場人物がともに子どもであるなどの共通点がある教材二つ

ふさわしい教材例

★「石うすの歌」（光村・6年）の瑞枝と「川とノリオ」（教出・学図・6年）のノリオの会話

★「たずねびと」（光村・5年）のアヤと「川とノリオ」（教出・学図・6年）のノリオの会話

言語活動の手順例

STEP1 「川とノリオ」と「一つの花」を比べて読む。

STEP2 ノリオとゆみこに共通することをペアで話し合い、ノートに記入する。

〈共通点の例〉

①どちらも、幼い時に親を戦争で亡くした。

②二人とも父親は出征して亡くなる。

③どちらにも、親以外の大人(じいちゃん・おばちゃん)が登場する。

④二人とも戦後もがんばって生きている。

STEP3 二人の相違点をペアで話し合い、ノートに記入する。

〈相違点の例〉

①ノリオの母はヒロシマの原爆が原因で亡くなったが、ゆみこの母は生きている。

②ゆみ子の物語では「コスモス」がモチーフだが、ノリオの物語では「川」が重要なモチーフである。

③「川とノリオ」の方が、改行が多い。場面転換が速い。

STEP4 「6年生になったゆみ子が広島に旅をしたときに、ノリオと出会い親しくなった」という設定で、「ノリオとゆみ子の会話」を書く。

〈「架空座談会」の児童作品例〉

ノリオ「ぼくのお母さんは用事で広島に行った日に原爆が落ちて、死んでしまったんだ。お父さんは、戦死したんだ。」

ゆみ子「私のお父さんも戦死したの。でも、私はその頃は小さすぎてよく憶えていないの。でも、おにぎりの代わりにお父さんがコスモスの花を持たせてくれたって、聞いたの。」

🔍 指導のポイント

　この活動は6年生を対象にしている。「川とノリオ」を読んだ後に、下の学年を対象とした「一つの花」を教材とすることで、それぞれの作品の表現の特徴(象徴表現が多い。比喩がある。モチーフが明確など)を明らかにしながら読むことができるだろう。そうした丁寧な読解を経たからこそ、二人の主人公が語り合うという虚構の世界を創作することが可能となる。

読書会シート

教材 宮沢賢治作品

[準備物] 宮沢賢治作品、感想や疑問等を書くための読書会シート

○ 同一作家作品から、自分で選んだ作品ごとのグループで、感想や考えを伝え合い交流する読書会をする活動。

活動を通して付けたい力

文章を読んでまとめた意見や感想を共有し、自分の考えを広げる力

- 登場人物の相互関係や心情などについて、描写をもとにとらえる力
- 人物像や物語などの全体像を想像する力や表現の効果を考える力
- 文章を読んで理解したことに基づいて、自分の考えをまとめる力

どんなときに取り入れるか

● **作家と作品を関わらせて読ませたいとき**

宮沢賢治などの作品群や解説文から、内容を説明したり、作家の生き方などについて考えたことを伝え合ったりする活動をする。

● **読書してまとめた意見や感想を交流し、考えを広げさせたいとき**

作品を多読する学習を設定し、読みの視点や形態を変化させて交流する活動を通して、読んで感じたことをまとめる活動をする。

この言語活動にふさわしい教材

①同一作家の作品やシリーズを読ませたい作品
②登場人物の相互関係や心情がとらえやすい作品
③多様な考えを引き出せる作品

📖 **ふさわしい教材例**

★宮沢賢治作品『猫の事務所』『虔十公園林』『グスコーブドリの伝記』など
★「海の命」（光村・東書・6年）、立松和平の命シリーズ
★「ヒロシマのうた」（東書・6年）、今西祐行作品

言語活動の手順例

STEP 1 代表的な作品に出会い、作家や他の作品に興味をもつ。

教科書教材の構造と内容を把握する。作家の生き方に興味を広げたり、他の作品をブックトークなどで紹介して多読へつなげたりする。

⇒図書資料の準備は、学校図書館や地域の図書館と連携する。

STEP 2 読書会について知る。

例①読書座談会→数名でグループを編成。読んだ感想から、友達の考えを聞いてみたい話題を事前に決めておき、同じ話題で交流する。

例②リテラチャー・サークル→いくつかの読書の視点に沿って、読みを分担し、各自異なる役割の読みを交流する。役割例→質問屋（クエスチョナー／疑問を挙げる）、つながり屋（コネクター／自分とのつながり）、探し屋（リサーチャー作家／テーマ研究）、表現屋（リテラリールミナリー／優れた表現選び）等々

STEP 3 多読の中から読書会での作品を選び、読書会シートの記入、準備をする。

①自分の感想②仲間の感想③交流での共通点やちがい④まとめを書く読書会シートを用意する。

STEP 4 読書会を開く。考えや自分の読みを交流し、交流後の感想を振り返る。

指導のポイント

❶多読へ誘うブックトークでは、児童の興味・関心を高めたい。

❷図書の冊数が十分に行き渡るように、学校司書等と連携し、事前準備を進めておく。著作権問題のない作品は増刷冊子もよい。

❸中心教材の学習の際に、問題解決学習の過程を踏んでおきたい。

❹リテラチャー・サークルを展開する際は、中心教材でクラス全員で同じ役割を経験させたい。グループでは、読みの視点が重ならず安心して交流できる。

パネル・ディスカッション

教材 地域の防災について話し合おう（教出・6年）

[準備物] 自分の立場を明らかにして、考えを書き込むディスカッションカード

○ 一つのテーマについて様々な角度から情報を収集し、自分の立場を明確にしてディスカッションを行い、自分の考えをさらに深める活動

活動を通して付けたい力

自分の立場や意図を明確にして、効果的に情報収集を行い、計画的にディスカッションしながら、自分の考えを広げたり深めたり、まとめたりする力

- 自分の立場を明確にし、そのために効果的に情報収集をする力
- 互いの意見の共通点や相違点をまとめ、自分の考えに生かす力

どんなときに取り入れるか

● **目的をもって情報収集する力をつけたいとき**

一つのテーマについて、自分の立場に有効な情報を集めるという目的をもち、様々な情報源のよさを生かして、自分の考えを構築する。

● **テーマに対して多角的に考えたり、自分の考えを深めたりしたいとき**

ディスカッションを通して、互いの考えの共通点や相違点をとらえながら、自分の考えが変わったり深まったりする体験をする。

この言語活動にふさわしいテーマ

①防災、地球温暖化、環境問題などの社会的な教材
②自分たちの生活の向上させる提案などの具体的な教材
③生き方や考え方などに影響を与える、価値的な教材

ふさわしい教材例

★『津波 !!　命を救った稲むらの火』小泉八雲 原作、高村忠範 文絵（汐文社）
★『奇跡の一本松　大津波をのりこえて』なかだえり（汐文社）
★『防災の手引き～いろんな災害を知って備えよう～」（首相官邸ホームページ）
★「防災ドリル」NHK そなえる防災　★自治体防災ホームページ等

言語活動の手順例

STEP1 「災害から身を守るには何が必要か」について、自分の考えをもち、情報収集する計画を立てる。

自分の経験やテレビ・ネットなどの情報から、自分が関心をもっていることを書き出し、分類・整理する。

STEP2 自分の考えを補強するための情報を収集し、なぜ必要だと思うのか、根拠を明らかにする。

避難訓練に参加したり、町の防災への備えを知る…自治体のホームページなど／防災用品をそろえる…防災用品の説明書など／過去の歴史を学ぶ…ノンフィクションの本など。

STEP3 情報収集をもとに、ディスカッションカードに考えをまとめる。

自分の立場を明確にし、複数の情報から自分の考えとその根拠をまとめる。具体的な事例も引用する。

STEP4 役割を分担して、パネルディスカッションをする。

①司会者によるテーマの説明・パネリストの紹介。

②パネリストの提案

③パネリスト間、フロアとの意見交換

④パネリストによるまとめの発表

⑤司会によるまとめ

STEP5 違う立場の考えを含めて、深まった自分の考えをまとめる。

防災について発信する機会を作ってもよい。

指導のポイント

❶ディスカッションカードには、自分の立場や考えとその理由を書き、根拠となる効果的な事例を収集できるようにする。資料の探し方も指導したい。

❷立場の違う意見を聞くことで、それぞれの大切さに気づいたり自分の立場と合わせて考えたりすることができるよう、助言するとよい。

❸ディスカッション後、必要に応じてさらに情報収集するなどして、自分の考えをまとめておくようにしたい。

持ち物紹介カード

教材 サラダでげんき（東書・1年）

[準備物] フラッシュカードを作るための画用紙

○ 登場人物の行動や気持ちと持ち物との対応を考えながら、持ち物をカードに表すことを通して、物語の魅力を紹介する活動

活動を通して付けたい力

登場人物の行動に着目し、物語の内容の大体をとらえる力

- だれが出てきたかということや、登場人物の行動や気持ちをとらえる力
- だれがどんな順番で出てきたかを知って、場面の様子をとらえる力

どんなときに取り入れるか

●一つのお話を教材としてカード作りを楽しみたいとき

登場人物とお話に出てくる持ち物とを対応させることで、お話の内容の大体をとらえさせたいとき。

●色々なお話を楽しませたいとき

お話に出てくるアイテムと関連づけて、日本や世界の昔話を楽しませたいとき。

この言語活動にふさわしい教材

①新しい登場人物が増えるごとに、同じパターンで物語が進む作品
②それぞれの登場人物が象徴的な特徴をもっている作品
③登場人物と持ち物の対応の面白さがある作品

📖 **ふさわしい教材例**

★「名前を見てちょうだい」（東書・2年）
★「はりねずみと金貨」（東書・3年）
★「まのいいりょうし」（光村・1年）（旧）

言語活動の手順例

STEP1 お話に出てくる登場人物、サラダの材料、その効き目が書かれた
2種類のカードを作る（印刷したものに色を付ける程度でもよい）。

〔登場人物〕

りっちゃん／のらねこ／犬／すずめ／あり／うま／白くま／アフリカ
ぞう

〔サラダに入れる材料〕

きゅうり・キャベツ・トマト／かつおぶし／ハム／とうもろこし
おさとう／にんじん／こんぶ／あぶら・しお・す

STEP2 できあがったカードを使ってゲームを行う。

〔並べ替えゲーム〕

登場人物のカードを、お話に出てくる順番に並べ替える。

〔サラダづくりゲーム〕

サラダに入れる材料を、お話の順番に積み重ねて、「りっちゃん
のサラダ」を完成させる。

〔マッチングゲーム〕

登場人物とサラダの材料のカードを裏返しにしてランダムに並べ
トランプの「神経衰弱」の要領でめくり、登場人物とサラダに入れ
る材料のペアを作る。

※児童に任せて遊びを考えさせても面白い。

🔑 指導のポイント

❶登場人物と持ち物をペアで考えることで、物語のあらすじや展開をつかむ
ことができるようになることをねらっている。

❷アニマシオン（P.154～169）の手法を使った読書活動にも活用できる。

どうぶつくらべボックス

教材 どうぶつの赤ちゃん（光村・1年）

[準備物] 工作用紙（箱に使用）、白画用紙（カード用）、色鉛筆、はさみ

○ 動物の赤ちゃんの様子をいくつかの視点で比べて読み、わかったことを「どうぶつくらべボックス」にして説明する活動

活動を通して付けたい力

いくつかの視点に沿って読み比べる力

・内容の大体をとらえて、比べて読む力

・文章を読んで感じたことやわかったことを共有する力

・興味をもった動物の様子について図書資料をもとに読む力

どんなときに取り入れるか

●比べて読む力を育てたいとき

主教材をもとに視点を整理し、その視点に沿って比べて読む力をつけたいとき。

●読書につなげたいとき

図書資料から、他の動物の赤ちゃんと比べながら調べる力をつけたいとき。

●書く力につなげたいとき

教材の文章の文型を参考にして、読み手にわかりやすく説明する文章を書く力をつけたいとき。

この言語活動にふさわしい教材

①児童が興味・関心をもつような身近な題材を取り上げた作品

②同じ文型でいくつかの例文が載せられている作品

③時間の順序、事柄の順序が明確に書かれている作品

④図書資料の収集が容易である作品

📖 ふさわしい教材例

★「どうやってみをまもるのかな」（東書・1年）

★「子どもをまもるどうぶつたち」（東書・1年）　★「だれが、たべたのでしょう」（教出・1年）

言語活動の手順例

STEP 1 読みの目的と「どうぶつくらべボックス」の実物を見て、動物の赤ちゃんの違いを紹介することを知り、表現（作成）方法を確認する。

〈目的〉どうぶつくらべボックスを作り、図書室に展示する。

〈表現〉それぞれが調べた動物の赤ちゃんの成長の様子を教科書の文型を参考にして表現する。

STEP 2 「どうぶつの赤ちゃん」を、ライオンとシマウマの赤ちゃんを「問いと答え」に着目して読んで、「くらべカード（絵と文）」にそれぞれの特徴を書く。

例①生まれたばかりの時の様子。

　②大きくなっていく時の様子。

STEP 3 図書資料を集めて読んで、自分で紹介したい動物を決める。

・４人グループを作り、それぞれ担当する動物を決める。

〈くらべカード〉

・前時までに作成したライオンとシマウマの「くらべカード」を見ながら、自分の選んだ動物の特徴を「しょうかいカード」に書く。

STEP 4 「くらべカード」を参考にしながら「しょうかいカード」を書く。

それぞれ書いたカードをグループ内で読み合って意見の交流をする。

・誤字、脱字、主述の関係のまちがいを訂正し、清書する。

STEP 5 どうぶつくらべボックスを完成し、互いに読み合って紹介し合う。

指導のポイント

❶図書資料は、なるべく教科書とは違う文体で書かれているものや、赤ちゃんのときの様子や成長の様子をキーワードで示している本など、様々なスタイルのものを揃えたい。

❷どうぶつくらべボックスを交流する際の「相手意識」は、同級生だけでなく、幼稚園や保育園の子、２年生などを対象に設定することもできる。

❸教材を視写する活動やカードに書き抜く活動を取り入れるとよい。

参考図書『アイテムで充実する　言語活動アイディア事例集［小学校国語科］』横浜市立二谷小学校、東洋館出版社、2013年

ポスターセッション

教材 アップとルーズで伝える（光村・４年）

[準備物] 方眼紙（白画用紙でもよい）、色鉛筆、マーカー

○ それぞれの特徴をメディアと文章を関連づけながら、比較してわかったことを、相手意識を明確にしてポスター紙面に表現する活動

活動を通して付けたい力

「共通点」「相違点」をメディアと関連づけながら比べて読む力

- ・事例に着目して「共通点」や「相違点」を比べて読む力
- ・文章とメディアを関連づけて内容を正しく読み取る力
- ・発表する児童は説明する力。聞き手の児童は主体的に学ぶ力

どんなときに取り入れるか

●**二つ以上のものを比べている教材を扱うとき**

説明文教材で、二つ以上のものを「共通点」や「相違点」を事例に挙げながら比較することを通して作者が主張を述べているとき。

●**メディアと文章を関連づけながら比べている教材を扱うとき**

事例を説明する際に、メディアを資料として効果的に使い、文章と関連させながら、作者が主張を述べているとき。

この言語活動にふさわしい教材

①比較を通して、主張が述べられている作品
②複数の事例が示されている作品
③比較することで、事例の特徴が明らかになっている作品
④メディアと文章を関連づけながら説明されている作品

📖 **ふさわしい教材例**

★「こまを楽しむ」（光村・３年）　★「すがたをかえる大豆」（光村・３年）

★「くらしの中の和と洋」（東書・４年）　★「まんがの方法」（教出・５年）

言語活動の手順例

STEP 1 ポスターセッションの特徴や方法について知る。

実際のポスターセッションを見てイメージをもつ。

教科書「サッカー選手」のアップとルーズ画像を使って、例を示す。

STEP 2 ポスターセッションのテーマを確認する。

「運動会の魅力」をポスターセッションで伝えることを確認する。

STEP 3 ポスターの作り方を学び、話し合い、ポスターを作る。

工夫点を話し合い、工夫点（色、吹き出し、絵、図、グラフ、見出し、まとめ方）を確認する。

学習したアップとルーズの効果を生かして、自分の伝えたいことから、効果的な画像を選ぶ。

STEP 4 ポスターセッション形式で発表し、聞き手から意見をもらい、交流をする。

自分の調べたことをわかりやすく話すためのポイントを確認する。

→**発表する側**

声の大きさ・話す速さ・言葉づかい・説明の内容・説明するときの工夫

→**ポスターセッションを聞く側**

質問や意見、感想を考えながら聞く。

指導のポイント

❶自分の伝えたいことを効果的にまとめていくためには、どのようなことを比べるとよいかを助言する。

❷読み手にわかりやすく伝えるための順序に気をつけて発表することを重点的に指導する。

❸発表者の工夫、質問と意見、感想の違いに意識して聞くように促す。

ファンタジーの世界ガイドブック

教材 白いぼうし（光村・教出・学図・4年）、「車の色は空の色」シリーズ

[準備物] 表紙用の画用紙、中のページの用紙、ファンタジー作品、教師作成の見本

○ ファンタジー作品の魅力（人物、構成、表現の工夫等）を紹介する活動

活動を通して付けたい力

様々な叙述に着目し、場面の様子や人物の変容、表現の効果をとらえる力

- 場面の移り変わりや不思議に着目し、登場人物の変容を読み取る力
- 物語の展開、あらすじ、不思議な出来事、人物像、表現の工夫など、様々な観点でファンタジー作品の魅力をとらえる力

どんなときに取り入れるか

●読書の幅を広げたいとき

「白いぼうし」と同シリーズの作品や、非現実世界に行くタイプ、非現実世界がくるタイプなどを並行読書し、読書の幅を広げたいとき。

●様々な観点で作品を読み、ファンタジー作品の魅力に気づかせたいとき

登場人物に同化して想像の世界を楽しんだり、読者として作品を俯瞰したりしながら、ファンタジーの様々な魅力に気づかせたいとき。

この言語活動にふさわしい教材

①非現実世界（不思議）を体験した登場人物の変容がわかる作品
②同じ作者の作品、似た内容や構成等、共通した特徴をもつ作品
③様子や心情を具体的に想像させる優れた表現が散りばめられた作品
④「読みたい」という思いが生まれ、不思議を追究したくなる作品

ふさわしい教材例

★「注文の多い料理店」（東書・学図・5年）　★「きつねの窓」（教出・6年）

★「まいごのかぎ」（光村・3年）　★「つり橋わたれ」（学図・3年）

★『ハリー・ポッター』シリーズ『ナルニア国物語』シリーズ『銭天堂』シリーズ

言語活動の手順例

STEP1 ファンタジーの世界ガイドブックのモデル「まいごのかぎ」を分析し、どのような構成や内容となっているかとらえる。

C1 「表紙には、本の絵と読後感、読み手を誘う言葉がある。」

C2 「1ページは、人物と不思議な出来事についての説明だ。」

C3 「2ページは、あらすじが文章と絵でかかれているね。」

C4 「3ページと4ページは見開きで、『見どころコーナー』となっていて、①りいこ、②不思議なかぎ、③うさぎという伏線、④比喩やオノマトペなど、様々な魅力がある。」

C5 「5ページは、作品の解説、関連する本の情報、読んだ人の感想、これから読む人の感想を書く吹き出しがある。」

教師は、拡大したガイドブックにポイントを書き込み、教室に掲示する。

STEP2 「白いぼうし」の魅力を見つけ、全体でまとめる。

①松井さんの性格や人柄について、行動や会話をもとにまとめる。

②不思議（女の子とちょう）について、根拠をもとにまとめる。

③色や香りの表現、鍵となるもの（夏みかん）についてまとめる。

STEP3 「白いぼうし」のガイドブックをグループで作り、全体で共有する。

3～4人のグループで役割を決め、ガイドブックを作る。下書きの時点で他グループと交流し、得た情報をもとに加除修正し完成する。

STEP4 おすすめのファンタジー作品を選び、ガイドブックを作り、展示する。

並行読書の中から好きなファンタジー作品を選び、ガイドブックを作る。下書きの段階で交流し、得た情報をもとに加除修正し完成する。完成したガイドブックは、本とともに図書室や学年コーナーに展示する。

🔑 指導のポイント

❶ 提示するガイドブックのモデルは、既習のファンタジー作品が望ましい。

❷ ページの内容について、「ファンタジークイズ」「用語解説」など、児童からアイデアが出た際は、全体で共有する。

❸ 図書館司書と連携し、シリーズ本や共通の特徴をもつものなど、様々なタイプのファンタジー作品を用意し、いつでも読めるようにしておく。

推理小説ガイドブック

教材 この本、おすすめします。（光村・5年）

[準備物] ガイドブックの見本、白画用紙、黒ペン（清書用）、色鉛筆

○ 推理小説のシリーズ読書を楽しみながら、自分が選んだ推理小説の推薦文を書き、それをガイドブックにまとめて読み合う活動

活動を通して付けたい力

人物像や、物語の構成、表現の効果などに着目して読む力

- ・文章を読んで理解したことに基づいて、自分の考えをまとめる力
- ・文章を読んでまとめた意見や感想を共有し、自分の考えを広げる力
- ・目的や意図に応じて書くことを選び、伝えたいことを明確にする力

どんなときに取り入れるか

●シリーズ読書をしたいとき

テーマや事件の謎解きがとらえやすい推理小説のシリーズ作品を並行読書する学習を設定して「人物像を想像したり表現の効果を考えたりすること」の力をつけたいとき。

●文章の構成や展開、文章の種類とその特徴をとらえたいとき

推理小説の特徴＝「事件（謎）」のトリックと解決する過程でのロジックの面白さや、主人公の探偵の魅力的な人物像（キャラクター）をとらえる。

この言語活動にふさわしい教材

①事件のトリックや謎解きのロジックがわかりやすく書かれている作品

②主人公の探偵が魅力的に描かれている作品

③登場人物の関係がとらえやすい作品

ふさわしい教材例

★コナン・ドイル『名探偵シャーロック・ホームズ』シリーズ

（学研プラス・ポプラポケット文庫・青い鳥文庫）

★はやみねかおる『怪盗クイーン』シリーズ（青い鳥文庫）

言語活動の手順例

STEP 1 推理小説の特徴を理解し、推理小説ガイドブック作りについて知る。

推理小説の面白さについて話し合い、その特徴について理解する。

主人公の探偵について話し合い、謎解きの面白さを理解する。

ガイドブックを見て、その形式と作り方について理解する。

STEP 2 ガイドブックにする作品を選ぶ。

例①自分が選んだ探偵のシリーズからお気に入りの作品を選ぶ。

例②複数の探偵を比べながら読み、選んだ探偵のシリーズから選ぶ。

例③自分の好きな推理小説を紹介する。

STEP 3 推薦文の書き方を知り、推理小説ガイドブックの原稿を書く。

教材文をもとに、推薦文を書く観点を理解する。

探偵の魅力や事件の謎解きの面白さなどについてまとめる。

作品の内容紹介と推薦する理由を書き分ける。

最後に読み手が読みたくなるような呼びかけを書く。

STEP 4 ガイドブックの原稿を読み合い、推敲する。

選んだ推理小説の面白さと推薦理由が伝わるかという観点で読み合う。友達の意見を参考に、よりわかりやすい表現になるよう推敲する。

STEP 5 ガイドブックを読み合い、交流する。

例①グループでガイドブックを読み合い、感想交流する。

例②授業でない時間にめいめいでガイドブックを読み、感想をカードに書いて渡して交流する。

指導のポイント

❶導入時に『名探偵コナン』を取り上げ、推理小説の謎解きの面白さや主人公の魅力を伝え、名前の由来である江戸川乱歩、コナン・ドイル、エドガー・アラン・ポーなどを紹介して学習の意欲づけを図るとよい。

❷シリーズ読書の時間をとり、推薦する作品を選ぶ時間を十分に保障する。

❸単元を通して、謎解きの面白さや探偵の魅力など推薦する観点がしっかりもてるようにする。

6
比
べ
な
が
ら

［読む］

人物紹介ブック作り

教材 伊能忠敬（教出・6年）

[準備物] 画用紙（表紙）、中のページの用紙（白紙または枠あり）

○ 紹介する観点や、その表し方（各ページの内容やレイアウト）を決め、伝記に描かれた人物（被伝者）の「紹介ブック」を作る活動

活動を通して付けたい力

文章を読んで理解したことに基づいて、自分の考えをまとめる力

・事実と感想、意見などとの関係を、叙述をもとに押さえる力
・人物の言動や心情をとらえ、人物像を具体的に想像する力
・人物の生き方や考え方から自分の生き方について考える力

どんなときに取り入れるか

●**文学的文章と説明的文章で学んできた読み方を生かしたいとき**

伝記は、行動や会話、心情など文学的な描写が多く、また事実が説明的に述べられる。これまで学んできた読み方を生かすチャンスとなる。

●**人物の生き方や考え方をもとに、これからの生き方に目を向けたいとき**

人物の生き方や考え方にふれることで、今の自分にできていることや見習いたいことを意識し、未来に向けた生き方を考えるきっかけとしたい。

この言語活動にふさわしい教材

①人物の一生（生まれてから亡くなるまで）が記されている作品
②中心となる出来事（業績など）が詳しく書かれている作品
③人物の生き方や考え方が、言動や心情から想像できる作品
④被伝者の一生や、生き方・考え方に多くの人物が関わっている作品

ふさわしい教材例

★「やなせたかし──アンパンマンの勇気」（光村・5年）
★「手塚治虫」（東書・5年）
★「勇気の花がひらくとき」（学図・5年）

言語活動の手順例

STEP 1 教師が作成した「人物紹介ブック」を見て、内容やレイアウトを知る。

児童がよく知っている人物の「紹介ブック」が望ましい。

STEP 2 「伊能忠敬」を読み、言動や業績を押さえたり、生き方や考え方を想像したりする。

したことや言ったこと、周りで起こった出来事を年表にまとめる。

どのような人物だと思ったか、話し合う。

忠敬の生き方や考え方と今の自分を比べ、今後の生き方を考える。

STEP 3 **STEP 1・2** をもとに、「紹介ブック」の観点やページ割を決める。

観点の例は、下段「指導のポイント」を参照。

STEP 4 「伊能忠敬紹介ブック」を作り、完成作品を読み合う。

選んだ観点や各ページの内容、表し方などのよさを認め合いたい。

STEP 5 伊能忠敬以外の人物の「紹介ブック」を作る。

時間に余裕があれば、他の人物を紹介する活動を設けたい。他の人物の伝記を用意し、単元のはじめから並行読書を進める。

児童の興味・関心をもとに、大河ドラマの主人公、スティーブ・ジョブズなど企業の創業者のほか、津田梅子など女性も候補に挙げたい。

🔍 指導のポイント

❶ 内容の観点例として、言動や出来事（年表）、関係する写真や絵図、人物像、生き方や考え方、支えた人たち、人物クイズ、印象に残った言動ランキング、名場面の4コマ漫画、自分との比較、などが考えられる。

❷ 児童の実態に応じて、書く内容を決める、グループで分担する、用紙をA5程度にする、レイアウト枠を数種類用意するなどの手立てを講じる。

レポート作り

教材 ①ずうっと、ずっと、大好きだよ②お手紙③三年とうげ④白いぼうし⑤大造じいさんとガン⑥やまなし

[準備物] 国語科教科書（光村1年から6年）、レポート用紙またはタブレット端末

○ 1～6年生までの国語科教科書の文学的な文章を読み直し表現を分析する
活動を通して、共通点や相違点を確認し文学的文章の特徴や魅力を知る活動

活動を通して付けたい力

比べ読みをする活動を通して、自分の考えをまとめて広げる力

- ・1～6年生までの国語科教科書を、文学的な文章の教材を中心として
  読み直し、表現の特徴を比べる力
- ・まとめた意見や感想を共有し、自分の考えを広げる力

どんなときに取り入れるか

●**6年生後期に、これまでの国語科学習の振り返りをしたいとき**
　1～6年生までの教科書教材を読み直す活動から「書き出し文」と「結び」
の特徴を理解し、文学的な文章の魅力を知ってほしいとき。

●**文学的な文章の特徴や魅力を知り、読むことへの意欲を高めたいとき**
　文学的な文章には「色」や「比喩」「象徴表現」などの表現技法が用いられて
いることを知って、分析しながら読むことの楽しさを知ってほしいとき。

この言語活動にふさわしい教材

①文学的文章教材（1～6年生）
②説明的文章教材（1～6年生）どちらでも可能。家庭で教科書を保存し
　ていない場合は、「デジタル教科書」や教師の教科書から選んだ教材の「
　カラーコピー」を学級の人数分、用意する。

ふさわしい教材例

★**教育出版の文学的文章の教材**　❶「けんかした山」❷「きつねの　おきゃくさま」
　❸「わすれられないおくりもの」❹「一つの花」❺「雪わたり」❻「川とノリオ」
★**東京書籍の文学的文章教材6つ**　★**学校図書の文学的文章教材6つ**

言語活動の手順例

STEP1 1〜6年生までの国語科教科書を読み直す。気づいたことをワークシートに記入後、グループで発表し、共有する。

STEP2 テーマを選んでループで活動し、各自が「レポート」を作るというめあてを確認する。「相手意識」は「保護者や地域の方々」などにする。

〈テーマの例〉

❶教材文の「書き出し文」と「結び」の文を比べる。

❷色を表す表現や比喩や象徴表現が使われているところを比べる。

❸題名と本文とのつながり方を比べる。

STEP3 自分たちが選んだテーマについて、気づいたことやわかったことを書き出した後に、グループで意見を交流する。四つ切の画用紙、模造紙、タブレット端末、小型ホワイトボードなどのツールを用いて、互いの意見を視覚化しながら共有できるようにする。

●「書き出し文」と「結び」の文の例

2年　がまくんは、げんかんのまえにすわっていました。
　　　手紙をもらって、がまくんはとてもよろこびました。（お手紙）

4年　「これは、レモンのにおいですか?」
　　　車の中には、まだかすかに、夏みかんのにおいが残っています。
　　　（白いぼうし）

5年　今年も、残雪は、がんの群れを率いて、ぬま地にやって来た。
　　　いつまでも、いつまでも、見守っていた。（大造じいさんとガン）

●児童の気づきの例:「書き出しで『レモンのにおい』で始まっていて、結びの『夏みかんのにおい』という文と、呼応している。

STEP4 テーマについての自分の考えを、表やグラフなどを活用しながら、読み手に伝わるように工夫して表し、レポートを完成する。

🔍 指導のポイント

完成したレポートは、❶家庭に持ち帰り、保護者の感想をもらう❷総合やクラブ活動等でお世話になった地域の方たちにプレゼントして読んでもらうなどの発表の機会を設定するとよい。なお、カラーコピーをしたものを渡して、原本は児童の手元に残すことにする。

記事の読み比べ

教材 新聞記事を読み比べよう（東書・5年）

[準備物] 記事内容は同じでも、書きぶりが異なる教材

○ 書き手の意図や効果的な書きぶりを考えるために記事を読み比べる活動

活動を通して付けたい力

書き手の意図や効果的な書きぶりをとらえる力

・記事で扱っている教材にどのような書き手の意図があるかを考える力
・見出しや写真にどのような書き手の意図があるかを考える力
・読み比べてわかる相違点から書き手の意図をとらえる力

どんなときに取り入れるか

●文章を批判的に読む力をつけさせたいとき

同じ題材でも書き手によって書きぶりが異なることに気づかせ、批判的に読む必要性を感じさせる。

●意図をもって記事の内容や見出しを書いたり写真を割り付けたりするとき

①記事の読み比べからどのような点を意図的に書けばよいかを知る。
② ①で得た視点を生かして、記事を書く。

この言語活動にふさわしい教材

①題材は同じでも書きぶりが異なる作品
②書き手の意図によって書きぶりが大きく異なる作品

ふさわしい教材例

★「新聞を読もう」(光村・5年) ★「広告を読みくらべよう」(東書・4年)
★「勇気の花がひらくとき」(学図・5年)
★「やなせたかし──アンパンマンの勇気」(光村・5年)

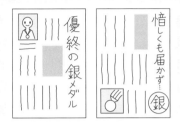

言語活動の手順例

STEP 1 題材は同じでも書きぶりが異なる記事から、読み手としてどのような印象の違いがあるかを考える。

STEP 2 印象の違いの理由を考えることで、読み比べた文章の相違点を考える。
- 題材から切り取っている内容
- 見出し
- 写真
- 文末表現　など

STEP 3 同様の題材が他の記事ではどうなっているかを読み比べる。

題材から切り取っている内容、見出し、写真、文末表現といった**STEP 2**で出てきた相違点を意識して読み比べるとよい。

STEP 4 学んだことを生かして記事を書く。
- 自分が伝えたい中心を考える。
- その中心を伝えるために、切り取る内容、見出し、写真、文末表現にするとよいか考える。

STEP 5 書いたものをクラスで読み比べる。

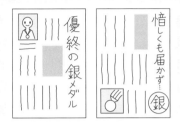
優終の銀メダル

恑しくも届かず…
銀

6
比
べながら
［読む］

指導のポイント

❶書きぶりによって印象の違いがはっきりと出る教材を選ぶ。

❷比較した記事以外にも同様のことが言えるか確かめることで、汎用性を高める。

❸書き手に立たせることで実感させる。

❹記事以外にも伝記も内容は同じでも書き手によって書きぶりが異なる教材である。他のジャンルにも目を向けさせられるとよい。

キャラクターカード

教材 やくそく（光村・1年）

[準備物] 画用紙、セロハンテープ、色鉛筆

○ 登場人物の行動や会話をもとに、登場人物の行動を具体的に想像する活動

活動を通して付けたい力

会話文に着目して、登場人物の行動を具体的に想像して読む力

- ・会話文に着目して、登場人物の表情や口調を想像する力
- ・気持ちを表す言葉に着目して、登場人物の気持ちを想像する力
- ・登場人物が出てくる順番に着目して、内容の大体をとらえる力

どんなときに取り入れるか

●読書紹介をしたいとき

相手意識をもち、誰かに物語を紹介する学習を設定して、「物語の内容を紹介し、感想を伝える力」をつけたいとき。

●登場人物の行動や会話から、物語の内容をとらえたいとき

この言語活動にふさわしい教材

①会話から登場人物の気持ちがわかりやすい作品
②登場人物の人数が3〜4人程度の作品
③物語の展開があまり複雑ではない作品

📖 ふさわしい教材例

★「きつねのおきゃくさま」（教出・学図・2年）
★「かさこじぞう」（東書・学図・2年）
★『エルマーのぼうけん』ルース・スタイルス・ガネット（福音館書店）

言語活動の手順例

STEP 1 キャラクターカードの使い方や、作り方を知る。

教師が実際にキャラクターカードを使って物語を紹介し、活動のイメージをもつ。

キャラクターカードを使って読書紹介する相手を決める。

STEP 2 キャラクターカードで紹介したい物語を選ぶ。

例①同じ作者の本の中から紹介したい物語を選ぶ。

例②登場人物が動物や虫などの生き物である物語を選ぶ。

登場人物の人物像がわかる言葉を見つけ、カードに書く。

・考えや気持ち、行動がわかる会話を書き写す。

・行動や会話から、登場人物の気持ちを想像し、吹き出しに書く。

・お気に入りの場面を「かんそう」カードの裏面に書く。

・読書紹介をする相手に伝えたいことを書くようにする。

STEP 4 登場人物が出てくる順番にカードを貼る。最後に感想を書く。

STEP 5 キャラクターカードを使って読書紹介をする。

想像した気持ちを書く

会話を書く

裏面にお気に入りの場面を書く

はじめは全て閉じておき、物語を紹介する過程で順に開いていく

指導のポイント

❶いくつかある会話の中で登場人物の気持ちや特徴が伝わりやすい会話はどれかを考え、カードに書き写す会話を選ぶように助言する。

❷地の文にも着目させ、登場人物の気持ちが表れている言葉に気づくように支援する。

❸会話から想像を広げ、登場人物同士の関係にも着目するとよい。

参考図書『アイテムで充実する　言語活動アイディア事例集［小学校国語科］』横浜市立二谷小学校、東洋館出版社、2013 年

107

登場人物紹介ブック

教材 プラタナスの木（光村・4年）

[準備物] 表紙となる画用紙、中のページ数に応じた枚数の用紙、教師作成の見本

○ 紹介する観点を決め、登場人物を紹介する「ブック」を作る活動

活動を通して付けたい力

様々な叙述に着目して登場人物の様子や気持ちを想像する力

- 場面の様子を表す言葉に着目して、気持ちや行動を想像する力
- 複数の叙述を結びつけたり情景描写に着目したりしながら、登場人物の気持ちや人物像を想像する力

どんなときに取り入れるか

●登場人物に着目して読むことの楽しさ、面白さに気づかせたいとき

登場人物に着目して読むという読み方をつかませ、その楽しさや面白さに気づかせる。

●行動や気持ちについて、叙述をもとにとらえる力をつけさせたいとき

行動や会話文、情景描写などの叙述から、行動や気持ちを想像する力をつける。

この言語活動にふさわしい教材

①登場人物がしたことや気持ち、性格を想像しやすい作品
②複数の人物が登場する作品
③気持ちの変化や展開がはっきりしている作品
④人物の相互関係を手がかりに、気持ちを想像しやすい作品

ふさわしい教材例

★「スイミー」（東書・教出・1年／光村・学図・2年）

★「ごんぎつね」（光村・教出・学図・4年）

★「海の命」（光村・東書・6年）

言語活動の手順例

STEP1 各ページに書かれていることを捉える。

実際の「紹介ブック」を分析させる。

①主人公のプロフィール ②そのほかの人物紹介 ③登場人物に起きた出来事 ④登場人物にインタビュー！の4つのページで構成されることを知る。

児童の気づきを整理し、各ページに書く内容を板書や模造紙に書いて押さえる。

STEP2 1ページ目の「主人公のプロフィール」を書く。

主人公のイラストの周りに複数の吹き出しを描き、その中に年令や性格など叙述をもとに簡単なプロフィールを書く。

STEP3 書いたものを共有する。

自分と友達の書きぶりを比べ、友達の表現の意図について質問し合ったり、友達の表現を参考に付け足したりする。

STEP4 2ページ目の「そのほかの人物紹介」のページを書く。

「主人公のプロフィール」と同様に、他の人物についてわかることを吹き出しの中に書く。（→**STEP3**の繰り返し）

STEP5 3ページ目の「マーチンに起きた出来事、そのときのマーチン」のページを書く。

マーチンにとって重要な出来事を3つ挙げ、それぞれのときの気持ちをせりふのように書く。（→**STEP3**の繰り返し）

STEP6 4ページ目の「マーチンにインタビュー！」のページを書く。

マーチンに聞きたいことを1つか2つ決め、インタビュー形式でQ&Aを書く。（→**STEP3**の繰り返し）

指導のポイント

❶提示するモデルは、これまで児童が読んだことがある作品の登場人物を紹介しているものが望ましい。

❷**STEP1**で、児童から「こんなページを書きたい」「書けそう」というアイデアが出された場合は追加したり、児童が選択したりすることができるようにする。

人物紹介ボード作り

教材 モチモチの木（光村・東書・教出・学図・3年）

[準備物] 紹介ボード用の画用紙またはボール紙、のり、色マジックペン

○ 自分がお気に入りの登場人物の性格や人柄を、行動や会話、様子に着目し、自分の言葉で紹介する活動

活動を通して付けたい力

登場人物の行動や気持ち、性格に着目し想像して読む力

- 性格や気持ちを表す言葉に着目して、登場人物の性格を想像する力
- 様子を表す言葉に着目して、登場人物の気持ちや行動を想像する力
- 複数の叙述を関連させ、場面の移り変わりと結びつけて想像する力

どんなときに取り入れるか

● **同一作者のシリーズ読書をしたいとき**

「モチモチの木」と同じ作者の作品を関連読書する学習を設定し、「登場人物の性格を叙述をもとに想像して読むこと」の力をつけたいとき。

● **登場人物の気持ちの変化をとらえたいとき**

複数の叙述を関連させ、場面の移り変わりとともに変化する登場人物の気持ちの変化をとらえて読む力をつけたいとき。

この言語活動にふさわしい教材

①登場人物の行動や会話、場面の移り変わりがはっきりしている作品
②登場人物の性格や気持ちについて、しっかり書かれている作品
③会話だけでなく行動からも性格が想像しやすい作品
④登場人物の人数が多すぎない作品（2～3人ほど）

ふさわしい教材例

★「白いぼうし」（光村・教出・学図・4年）
★「ごんぎつね」（光村・東書・教出・学図・4年）
★「サーカスのライオン」（東書・3年）

言語活動の手順例

STEP1 人物紹介ボードによる登場人物の紹介の方法を知る。

教師が作成した人物紹介ボードを見てイメージをもつ。

※教師のイメージに近い既存人物紹介ボードを用意してもよい。

STEP2 登場人物を紹介する教材を選ぶ。

例①「モチモチの木」と関連させながら、教科書に掲載されている斎藤隆介作品からお気に入りの本を選ぶ。

例②これまで学習した物語の作品から話を選ぶ。

例③同一の主人公が出てくるシリーズの本を選ぶ。

STEP3 登場人物の性格や気持ちが表れている言葉を、複数の場面から探し、登場人物の紹介文を書きためる。

⇒挿絵を用意し、そこに登場人物に関すること(行動、性格、気持ちの変化等)を書き表す。

STEP4 書きためた人物紹介文から、自分が一番伝えたいと考えたものを選び、人物紹介ボードに貼っていく。

STEP5 作成した人物紹介ボードをグループ内で紹介し合い、登場人物や物語について考えを深める。

🔑 指導のポイント

❶場面の移り変わりとともに描かれ方が異なる登場人物について、性格を表す言葉や気持ちを表す言葉に着目し、その変化について意見交換するように指導する。

❷登場人物については、他の人と見方を交流することで、人物に対する考えが深められるので、グループ作りを意図的に行う。

人物関係図作り

教材 風切るつばさ（東書・6年）

[準備物] 人物関係図を書く用紙、色分けするペン

○ 登場人物の行動や心情の変化に着目しながら読んで、登場人物同士の関係を図に描き、文章でまとめる活動

活動を通して付けたい力

登場人物の関係と心情の変化をとらえる力

・登場人物同士の関係と出来事により変化する心情を読む力

・登場人物の行動や心情の変化から自分なりの考えや感想をもつ力

どんなときに取り入れるか

● **出来事による登場人物の心情の変化に気づかせたいとき**

出来事により、登場人物の行動や心情の変化を図に描くことにより、具体的なイメージをもつ読み方を学ぶとき。

● **登場人物の行動について自分の考えや感想をもつとき**

登場人物の行動やそのときの心情から、自分の考えや感想をもつために、叙述を整理して、自分の経験と合わせて考える力をつける。

この言語活動にふさわしい教材

①複数の登場人物の関係による心情の変化がある作品

②出来事により人物の気持ちの変化がある作品

③クライマックスで行動や心情の変化がある作品

ふさわしい教材例

★「ごんぎつね」（光村・東書・教出・学図・4年）

★「大造じいさんとガン」（光村・東書・教出・学図・5年）

★「海の命」（光村・東書・6年）

言語活動の手順例

STEP1 物語の出来事と登場人物の関係を確認し、学習課題をもつ。

①登場人物　②出来事　③物語の展開　④心情の変化

を読み取り、学習計画を立てる。

STEP2 出来事により変化する登場人物クルルとカララの関わりを読む。

①出来事による変化　②クルルとカララの行動と思い　について

教材文の叙述にアンダーラインを引く。

STEP3 出来事と登場人物の関係を中心に、人物関係図を作る。

①登場人物に大きな影響を与えた出来事を書く。

②人物の関係や心情の変化を書き込む。

③矢印で関係や変化を表す。

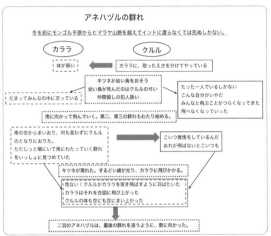

アネハヅルの群れ

冬を前にモンゴル平原からヒマラヤ山脈を越えてインドに渡らなくては死ぬしかない。

カララ　　　　　クルル

体が弱い　　　カララに、取ったえさを分けてやっている

キツネが幼い鳥をおそう
幼い鳥が死んだのはクルルのせい
仲間殺しの犯人扱い

だまってみんなの中に交っている

たった一人でいるしかない
こんな自分がいやだ
みんなと飛ぶことがつらくなってきた
飛べなくなっていった

南に向かって飛んでいく。第二、第三の群れもわたり始める。

南の空からまいおり、何も言わずにクルルのとなりにおりた。
ただじっと隣にいて南にわたっていく群れをいっしょに見つめていた

こいつ覚悟をしているんだ
おれが飛ばないとこいつも

キツネが現れた。するどい歯が光り、カララに飛びかかる。

危ない！クルルがカララを突き飛ばすように羽ばたいた
カララはそれを合図に飛び上がった
クルルの体も空にも空にまい上がった

二羽のアネハヅルは、最後の群れを追うように、南に向かった。

STEP4 グループで人物関係図を示しながら、登場人物の心情の変化を話し合う。

・クルルがもどってきて何も言わなかった思い

・「おれが飛ばないと」と思ったクルルの心情と行動

STEP5 人物関係図をもとに、感想や考えを文章にまとめる。

自分の経験や行動などと合わせて考えや感想をまとめる。

🔍 指導のポイント

❶人物関係図を出来事に分けて作成してもよい。例を示すと作りやすい。

❷人物関係図には、叙述で着目した出来事や行動、心情を書きこむ。

❸心情の変化を書き込まないで話し合うようにしたが、書き込んで読み合う活動にしてもよい。

名コンビをさがそう

教材 お手紙（教出・1年／光村・東書・学図・2年）

[準備物] 白画用紙、黒ペン、色鉛筆

○ 物語を二人の登場人物（中心人物と対人物）の関係性を中心にして読み、「名コンビカード」を作ることを通して、読書意欲を高める活動シリーズ本の読書に誘い、読書意欲を高める活動

活動を通して付けたい力

登場人物（中心人物と対人物）、二人の関係性に着目してまとめる力

- 相手を思いやる気持ち行動や会話に注目する力
- 根拠を示して、自分の考えを示す力
- 物語の中の大切な言葉を見つけ出す力

どんなときに取り入れるか

●シリーズ読書をさせたいとき
●物語の面白さを児童同士で伝え合う活動をさせたいとき
●中心人物と対人物というとらえ方でまとめをさせたいとき
●学習のまとめとして、取り入れたいとき

この言語活動にふさわしい教材

①中心人物と対人物が明確で、二人の関係が物語の展開に大きく関わる作品
②二人の人物関係について、読者が自分なりの考えをもちやすい作品

ふさわしい教材例

★「ごんぎつね」（光村・東書・教出・学図・4年）　★「みちくさ」（学図・5年）
★「あらしの夜に」（学図・3年）および同シリーズ
★『おまえうまそうだな』宮西達也（ポプラ社）、『ルドルフとイッパイアッテナ』斉藤洋（講談社）、『バッテリー』あさのあつこ（角川書店）

言語活動の手順例

STEP 1 「お手紙」を読んで、がまくんとかえるくんというコンビの会話文と行動を中心にして、まとめることを知る。

STEP 2 がまくんとかえるくんの二人の関係性について、気づいたことをまとめる。また、その関係性の特徴を発表して、どの場面に目をむけているか、二人の関係性のどこが好きかなどについて、グループで互いの気づきを認め合いながら、ワークシートに書く。さらに、自分の視点と仲間の視点の違いを整理して、次の活動に生かす。

STEP 3 アーノルド・ノーベルの「ふたりはともだち」シリーズ本三冊を読んで、「かえるくんとがまくん」という名コンビに着目しながら、ワークシートにキーワードを書いていく。
「お手紙」で学習した方法を活用しながら、読んでいく。

STEP 4 同シリーズの内容をがまくんとかえるくんのイラストを入れて、互いの関係を紹介する「名コンビカード」をつくる。
カードの大きさは、B5の半分くらいの大きさにする。

STEP 5 他にもこのような二人の人物関係がシリーズとして作られている絵本（「あらしの夜に」）などを知って「名コンビカード」を作成する。

指導のポイント

❶「お手紙」の学習において、人物関係を会話と行動という視点をもとに、構造的な板書をして、児童が「名コンビ」に着目しやすいように配慮する。

❷はじめに教師が作成した「名コンビカード」のモデルを示し、そのモデルを模倣して紹介文と感想を書いていくようにと指示する。

❸日頃から教室の図書コーナーにシリーズ本を設置して、教師がブックトークや読み聞かせをして紹介し、読書意欲を高めておく。

人物解剖図

教材 イーハトーヴの夢（光村・6年）

[準備物] 画用紙（A4 または B4 程度）

○ 伝記の内容や、伝記に描かれた人物（被伝者）の作品などをもとに、様々な観点からその人物を見つめる活動

活動を通して付けたい力

伝記の内容と作品などを関連づけながら、人物を多面的にとらえる力

- ・伝記の叙述をもとに、人物の言動や業績（作品）などをまとめる力
- ・人物の言動や心情を読み取り、人物像を具体的に想像する力
- ・人物の生き方や考え方と作品に込められた思いなどを関連づける力

どんなときに取り入れるか

●文学や音楽、芸術などの分野で著名な人物にふれたいとき

音楽や図画工作、総合的な学習の時間など他教科・領域でも様々な人物に出会う。他教科・領域との横断的な学習も想定することが可能である。

●人物の生き方や考え方と作品を結びつけるよさを実感したいとき

作品には、製作者の生き方や考え方が明確に反映しているものがある。製作者の心と作品を結びつけるという新たな視点を得ることができる。

この言語活動にふさわしい教材

①人物の一生（生まれてから亡くなるまで）が記されている作品

②人物の言動や心情、人物像などを詳しく読み取ることができる作品

③その人物が創り出した作品が多く紹介されている作品

④中心人物の人物像や、変化・成長がとらえやすい作品（物語文の場合）

ふさわしい教材例

★「やなせたかし ── アンパンマンの勇気」（光村・5年）

★「手塚治虫」（東書・5年）

★「勇気の花がひらくとき」（学図・5年）

言語活動の手順例

STEP 1 「イーハトーヴの夢」を読み、宮沢賢治の一生や理想を理解する。

・境遇や言動、出来事を、年表や簡単な表にまとめるとわかりやすい。

・賢治の考え方や思い（理想）がわかる叙述を抜き出す。

STEP 2 「やまなし」に込めた賢治の思いや、自然に対する見方を想像する。

・題名や、五月と十二月の違いに着目する。

・賢治の考え方や思いと、紹介されている作品の内容との関連を図る。

STEP 3 教師が作成した「人物解剖図」を配布し、完成イメージを共有する。

・5年次に学習した「やなせたかし――アンパンマンの勇気」を用いると、教材内容を理解できているので完成イメージが共有しやすい。

・「解剖図」に取り入れる観点を知る。（下段「指導のポイント」参照）

STEP 4 宮沢賢治の「人物解剖図」を作成する。

・並行読書で、宮沢賢治の作品にふれる機会を設ける。

STEP 5 完成した、宮沢賢治の「人物解剖図」を読み合い、取り入れた観点の違いや、書いた内容の共通点などを交流する。

・観点の違いや、内容の共通点、「解剖図」の書き表し方など、互いのよいところを認め合いたい。

🔍 指導のポイント

❶「解剖図」の観点としては、境遇や生い立ち（生まれ・家族・学校・職業など）、起きた出来事、関わった・影響を受けた人、作品紹介（題名・内容・魅力や評価）、考え方や思い（理想）、人物像、印象的な言葉や行動、その人物に対して考えたこと、などが挙げられる。

❷「イーハトーヴの夢」で紹介された作品等、賢治作品を多数用意する。

参考図書『アイテムで充実する　言語活動アイディア事例集［小学校国語科］』横浜市立二谷小学校、東洋館出版社、2013年

年譜を作る

教材 やなせたかし——アンパンマンの勇気（光村・5年）

[準備物] 時系列で出来事をまとめられるワークシート

○ 実在の人物の一生や現在までの歩みについて書かれた文章について、文章全体の構成や内容を把握する活動

活動を通して付けたい力

事実を叙述をもとにとらえ、文章全体の構成や内容を把握する力

- ・時系列で、出来事や人物の言動を叙述に即してとらえる力
- ・人物に対する筆者の評価を考えながら読む力
- ・人物と自分を照らし合わせ、自分の生き方について考えをまとめる力

どんなときに取り入れるか

●伝記やノンフィクションの構造と内容を把握したいとき

描かれている人物の一生を時系列でとらえ、どのような生き方をした人物なのかを一目でわかりやすく把握したいとき。

●描かれている人物に対する筆者の評価を考えたいとき

筆者が取り上げているエピソードの傾向や時期から、筆者がその人物のどこをどのように評価しているのかを考えたいとき。

この言語活動にふさわしい教材

①実在の人物の一生が時系列で描かれている作品

②西暦や年齢などが明記されている作品

③人物の生き方や考え方を象徴する具体的なエピソードが、人物の行動や会話を中心に描かれている作品

ふさわしい教材例

★「イーハトーヴの夢」（光村・6年）

★「みすゞさがしの旅——みんなちがって、みんないい」（教出・5年）

★「伊能忠敬」（教出・6年）　★「手塚治虫」（東書・5年）

言語活動の手順例

STEP 1 文章全体を読み、何年間の生涯を描いているかの大枠をとらえる。

西暦や年号、年齢に着目して読む。

ワークシートに、生誕の年、没年を記入する。

STEP 2 西暦や年号を順に追いながら、出来事を年譜にまとめながら読む。

出来事は客観的な事実を取り出す。

短い言葉で端的にまとめるようにする。

STEP 3 西暦や年号を順に追いながら、人物の言動を年譜にまとめながら読む。

どのようなエピソードが取り上げられているかを考えながら読む。

どの時期のエピソードが取り上げられているかを考えながら読む。

人物の考え方や生き方が特に表れる言動を考えながら読む。

自分と照らし合わせながら読む。

STEP 4 年譜全体を見て、人物の生き方に対する自分の考えや、筆者が人物をどのように評価しているのかをまとめる。

①自分にとって最も印象的だった言動から考えをまとめる。

②年譜と自分が生まれてからの歩みを重ねて考えをまとめる。

③別の人物の年譜と重ねて考えをまとめる。

④多く取り上げられているエピソードから筆者の評価をまとめる。

⑤取り上げているエピソードの時期から筆者の評価をまとめる。

指導のポイント

❶使用する年譜のシートは、5年区切り程度で同じ幅にしておくことで、人物の一生の長さを具体的にイメージすることができる。

❷人物の言ったことには、考え方や生き方が表れやすいので注目させる。

❸筆者の評価は、同じ人物を別の筆者が書いた本や、自伝などと比較することでも明らかになる。

❹筆者の評価は、文章中の評価語彙にも表れるので注目させる。

作者研究リーフレット作り

教材 カレーライス（光村・5年）

[準備物] 方眼紙（白紙や原稿用紙でも可）、色鉛筆、のり

○ 同じ作者の作品を読み比べることで読みの世界を広げていく活動
作者研究リーフレット作りを通して、作品を読み深める活動

活動を通して付けたい力

作品の面白さや主題を「作者を知る」ことに着目して読む力

- 他の作品と読み比べることで、作品の面白さ（しかけ）を読む力
- 場面のつながりに着目することで、登場人物の変容から主題を読む力
- 作者を知って研究することで、作品の背景（しかけ・主題）を読む力

どんなときに取り入れるか

●同じ作者の作品を多読したいとき

中心教材「カレーライス」と並行読書する学習を設定して、「作者を知る」ことで作品の背景を読む力をつけたいとき。

●登場人物の変容から、主題をとらえたいとき

物語の読みを時系列でまとめることで出来事の連続性に注目して、登場人物の変容と出来事のつながりから主題を読む力をつけたいとき。

この言語活動にふさわしい教材

①同じ作者のシリーズ作品
②作者のこだわり（しかけや主題など）が想像しやすい作品
③同作者の作品を読むことで、共通点や相違点を見つけ出しやすい作品
④人物の変容と出来事のつながりやしかけが連続して描かれている作品

ふさわしい教材例

★「おにたのぼうし」（教出・3年）
★「ごんぎつね」（光村・東書・教出・学図・4年）
★「注文の多い料理店」（東書・学図・5年）　★「海の命」（光村・東書・6年）

言語活動の手順例

STEP1 作者研究リーフレット作りのめあてと方法について知る。

「カレーライス」を読む活動と並行読書を通して作品や作者の世界観をとらえ、イメージをもつ。

⇒①作品の面白さ　②作者のこだわり　③主題　などをまとめる。

STEP2 リーフレット作りにする作品を選ぶ。

例①「重松清」の他の作品から、自分のお気に入りの物語を選ぶ。

例②「親子」や「家族」が話題となっている作品と並行読書し「カレーライス」と比較しながら選ぶ。

STEP3 選んだ作品を読み、面白さや作者のこだわりについて考える。

「カレーライス」と比べながら、自分が選んだ作品を読み、作品に共通する面白さや、相違点、作者のこだわりについて考える。

STEP4 「重松清研究リーフレット」を作成する。

例①作品ごとのグループに分かれて、作品の面白さや作者のこだわりについて話し合い、まとめていく。

例②個別に読み比べた作品を項目ごとに並べる。

STEP5 「重松清研究リーフレット」を互いに読み合って、感想交流をする。

できあがったリーフレットを読み合って、同じ作者を扱っていても、まとめ方に違いがあることを知って、作品の世界観を味わう。

指導のポイント

❶中心教材を読む学習を経験することを通して、作品の面白さや主題についての読み方を指導する。

❷他の作品を読むときは、中心教材での学習を生かすように助言する。

❸他にも「作者のしかけ」を物語の出来事の連続性に関連づけて「作者研究リーフレット」にまとめるという単元の作り方もある。

お話スタンド作り

教材 モチモチの木（光村・東書・教出・学図・3年）

[準備物] 工作用紙、白画用紙、黒ペン、はさみ、のり、色鉛筆

○ 読み取ったことをカードにまとめて、物語をイメージしたお話スタンド（自分の好きな登場人物を紹介するための立体シート）にカードを貼る活動

活動を通して付けたい力

登場人物の人物像をその会話や行動などの叙述をもとに想像して読む力

・行動を表す言葉に着目して、登場人物の性格や人柄を想像する力

・様子や気持ちを表す言葉に着目して、登場人物の心情を想像する力

・登場人物を自らの経験に照らし合わせながら自分の感想や考えをもつ力

どんなときに取り入れるか

●同じ作者の作品を並行読書したいとき

中心教材「モチモチの木」と同じ作者である斎藤隆介さんの作品を並行読書する学習を設定して、興味ある本を選んで多読する力をつけたいとき。

●登場人物の人物像を読み取りたいとき

登場人物の中でも、好きな人物を決め、その人物を中核として物語を読み進めることを明確にし、人物像をとらえたいとき。

この言語活動にふさわしい教材

①登場人物の動きや会話、場面転換がはっきりとしている作品

②登場人物の人数が多すぎない作品

③登場人物の人物像を想像しやすい作品

④登場人物と自らの経験を重ねやすい作品

ふさわしい教材例

★「ゆうすげ村の小さな旅館」（東書・3年）

★「白いぼうし」（光村・教出・学図・4年）

★「ごんぎつね」（光村・東書・教出・学図・4年）

言語活動の手順例

STEP 1 「モチモチの木」を教材にして「お話スタンド」を作り、読書会を開くというという学習の見通しをもつ。「お話スタンド」に貼るカードの内容を確認する。

〈カードに書くこと（例）〉

①作品名と作者　②登場人物の名前と顔　③登場人物の設定、性格、人格　④登場人物に起こる主な出来事やその行動　⑤物語の好きなところとその理由

STEP 2 豆太の人物設定と行動を読み取り、物語のあらすじをとらえる。

豆太の「したことカード」を作る。

自分が好きなところとその理由をまとめ、交流する。

豆太の「好きなところカード」を作る。

自分が選んだ登場人物の好きなところとその理由をまとめる。

STEP 4 「モチモチの木」のお話スタンドを作って交流する。

STEP 4 自分が選んだ齋藤隆介さんの絵本の登場人物の「お話スタンド」をつくる。

「モチモチの木」で学んだことをもとに、同様の手順で作成する。

STEP 5 斎藤隆介作品の物語の感想を友達と交流する。

「お話スタンド」で読書会を開き、斎藤隆介作品の好きな登場人物を紹介し、交流する。

指導のポイント

　並行読書をする場合は、学校図書館、地域の図書館にある絵本をまとめて一定期間借りてきて、クラスに齋藤隆介作品コーナーを設け、クラスの児童が絵本を手に取れる環境を整える。また、同じ作品を読んだ児童たちを集めて第１部交流会をもつのもよい。

参考図書『アイテムで充実する　言語活動アイディア事例集［小学校国語科］』横浜市立二谷小学校、東洋館出版社、2013 年

読書新聞作り

教材 やまなし（光村・6年）

[準備物] B4 か A3 サイズの新聞作り用紙、個人学習用紙として活用する用紙

○ 物語を読んで作品の表現や記述の特徴を見つけ、いくつか項目に分けて記事を書く。表現の効果や意味に気づき新聞で発信する活動

活動を通して付けたい力

作品世界にひたり言葉の豊かさや表現に着目して本を読む力

・作品の題名や構成のうまさについて読み取る力
・場面設定に込められた意味や願いを解き明かす力
・特徴的な言葉使いが何を意味しているか考える力

どんなときに取り入れるか

●**一人一人が主体的に学習する読み方を大切にしたいとき**

作品を通して、個々の児童が読みを比べながら、自分の読みの好みや偏りを見つけて読む力を伸ばしたいとき。

●**作品から受けた感動を新聞にまとめ、発表して人に伝えたいとき**

作品の構成の特徴や造語、オノマトペから受けた印象や意味をまとめる。主に伝えたいと思う内容を選び、紙面を構成し記事を書く力を育む。

この言語活動にふさわしい教材

①心理描写や情景描写が詳しく記述され、多様な読みが可能になる作品
②登場人物の会話や行動が記述され、性格が書き分けられている作品
③場面構成や転換がわかりやすく、出来事の変化がつかみやすい作品
④オノマトペや例えなどの言葉が効果的に使われている作品

ふさわしい教材例

★「モチモチの木」（光村・東書・教出・学図・3年）
★「白いぼうし」（光村・教出・学図・4年）　★「いつか、大切なところ」（教出・5年）
★「大造じいさんとガン」（光村・東書・教出・学図・5年）

言語活動の手順例

STEP1 読書新聞を書く手順と目的を知る

・「やまなし」を読んで気づいたことや感想を書き抜く。

・書き抜きを整理分類して、作品を特徴づける主な事柄を選び記事の項目にする。

・「やまなし」から読み取った特徴に考えや感想を加え発表する。

STEP2 感想から「やまなし」を特徴づけている事柄を整理する。

【観点例】○題名のタイトルに込められている意味は何か。

○作品の構成の工夫には、どんな効果や意味があるか。

○情景描写の描き方でどんな効果が生まれているか。

○「やまなし」に描かれている世界の主題はなにか。

STEP3 記事の内容に優先順位をつけ新聞を書く。

・記事の内容の順位に合わせて、紙面を割り付ける。

・新聞作りの方法にしたがって、説得力や主張のある記事を書く。

・読み手を惹きつける新しい見方や考え方を伝える新聞にまとめる。

STEP4 友達と新聞を読み合ったり、発表したりする。

・互いの考えや気づきのよさを認め合い多様な読みがあることを知る。

・自分が気づけなかったことや読み取れなかった点を明らかにする。

・自分の考えや主張が読み手に伝わったか、確かめ合う。

・作者の人物像について感想を交流する。

🔑 指導のポイント

❶2枚の「げんとう」の構成と季節の工夫に気づけるようにする。

❷2枚の「げんとう」の光で表されている意味を考えられるようにする。

❸「やまなしの実」に象徴されている意味を話し合う。

❹作品には、生き物の「生と死」が暗示されていることに気づけるようにする。

❺新聞を読んでもらいたい人を意識できるようにする。

❻自分の意見や主張が伝わる紙面を工夫する。

本のポスター作り

教材 本をしょうかいしよう／モチモチの木（いずれも東書・3年）

[準備物] 色鉛筆やカラーペン、紹介ポスターを作成するための画用紙など

○ 登場人物の気持ちの変化を、叙述をもとに想像しながら読み、感じたことを本の紹介ポスターに表現する活動

活動を通して付けたい力

登場人物の気持ちの変化や情景を複数の叙述に着目して想像しながら読む力

- 気持ちの変化や情景を、場面の移り変わりを結びつけ想像しながら読む力
- 感じたことや考えたことを共有したり、それぞれの感じ方に違いがあることに気づいたりする力

どんなときに取り入れるか

● **同じ作者の違う作品にふれ、読書の幅を広げたいとき**

中心教材「モチモチの木」と同じ作者（斎藤隆介）の作品を集めて関連読書を行い、同じところや違うところを見つけることで、本を選択する方法を知ったり、幅広く読書に親しんだりする。

● **一人一人の感じ方や考え方に気づきたいとき**

読んだ本の紹介ポスターを書き、ポスターを共有することで、一人一人の感じ方や考え方に違いがあることに気づけるようにする。

この言語活動にふさわしい教材

①登場人物の行動や気持ちを表す言葉が多くあり、登場人物の気持ちや気持ちの変化を想像することができる作品

②読んだときに、様々な感じ方や考え方ができる作品

ふさわしい教材例

★「ごんぎつね」（光村・東書・教出・学図・4年）**および同一作者の物語**

★「白いぼうし」（光村・教出・学図・4年）**および同シリーズの物語**

★「三年とうげ」（光村・3年）**および昔話**

言語活動の手順例

STEP1 本の紹介ポスターについて知る。

これまでの学年や教師が作成した
ポスターなどをモデルにして本の紹
介ポスターを作る見通しをもつ。

⇒学校図書館や地域の図書館と連
携し、ポスターの掲示を依頼する。

STEP2 「モチモチの木」を読み、ポスター
に書く内容をまとめる。

ポスターに書く内容を意識しなが
ら、文章を読む。

あらすじ⇒登場人物の気持ちの変化を叙述や情景と、場面の移り変
わりを結びつけながら読む。

キャッチコピー、おすすめしたいところ⇒登場人物の気持ちが変化し
たきっかけや、その理由について強く心に残った部分をまとめる。

読んだ感想⇒読んで理解したことをもとに、感想や考えをまとめる。

STEP3 「モチモチの木」のポスターを書き、書いた内容を紹介し合う。

読み取ったことをもとに、紹介ポスターを書く。「自分とは違うと感
じたことを伝える」という視点で付箋に感想を書き、交流する。

STEP4 同一作者の別の本を読む（「ソメコとオニ」「花さき村」など）。

【国語以外の時間も使って読書を行う】

「モチモチの木」での読み方を生かして、自分が選んだ本を読む。

STEP5 自分が選んだ本をポスターにまとめ、書いた内容を紹介し合う。

同じ本を選んだ友達とポスターを見合い、交流する。

指導のポイント

❶読み取ったことがポスターに反映されるように、登場人物の気持ちの変化
を表す叙述、場面の移り変わりなど、読むときの視点を明確にしてまとめ
ておくように指導する。

❷関連読書をするときは、同一作者の書いた本の内容や書きぶりの同じとこ
ろや違うところを楽しめるように指導し、読書を楽しめるようにする。

本の帯作り

教材 「図書すいせん会」をしよう（教出・5年）、本の「おび」を作ろう（学図・2年）

[準備物] 画用紙、色鉛筆、黒ペンなどの画材

○ 推薦したい本を選び、本の内容や魅力を「本の帯」で伝える活動

活動を通して付けたい力

読んだ内容を簡潔に表現したり読んで考えたことを伝えたりする力

- ・本の特徴をとらえる力
- ・本の内容を、相手に伝わるように短い文や言葉にまとめる力
- ・読んだ感想を伝えたり、おすすめの言葉を表現する力

どんなときに取り入れるか

●教材の読みを広げたいとき

教材の読みで終わらせるのではなく、同じ作者や筆者の本を読ませたり、同じテーマの本を読ませたりしたいとき。

●日常の読書につなげたいとき

読書週間（旬間・月間）に入る前に本を紹介したいとき。

この言語活動にふさわしい教材

①各教科書の読書単元
②同じ作者の作品やテーマの共通する作品、シリーズ作品など
★とりわけ伝記作品は、様々な人物を紹介することで人間の生き方について考えることができる。

📖 ふさわしい教材例

★「友達といっしょに、本をしょうかいしよう」（東書・5年）
★「やなせたかし——アンパンマンの勇気」（光村・5年）
★「関連する作品を読んで、すいせんしよう」（東書・6年）
★「海の命」（光村・東書・6年）

言語活動の手順例

STEP1 本の紹介の仕方について考え、それぞれの紹介方法にはどんな特徴があるかを確認する。

今までどんな紹介をしてきたか、知っている紹介方法を出し合う。
（新聞・ポスター・帯・ポップ・パンフレット・リーフレットなど）
図書室や地域の図書館、書店などに足を運び、紹介の方法やそこに書かれている紹介の内容、レイアウトの工夫などを調査させる。
それぞれの紹介方法のよさを確認する。

STEP2 紹介する本を決め、帯に書く内容を考える。

本の特徴、あらすじ、感想、おすすめの言葉、キャッチコピー、作者紹介、同じ作者の他の作品紹介など。
上記から3〜4つを選ぶ。キャッチコピーは必ず入れるようにする。
読み手の興味・関心をひく文や言葉を工夫する。

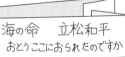

〈例 『海の命』〉

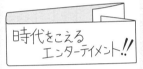

〈例 『鳥獣戯画』を読む〉

STEP3 割り付け（構成）を考え、清書する。

厚い本は、背表紙にもメッセージが記入できることを知る。
挿絵やイラストも入れる。

STEP4 できた帯を紹介したい本に付け、教室に展示する。

互いに読み合い、友達の紹介の仕方のよさに気づく。

指導のポイント

❶読書単元の中で「本の紹介」が位置づけられていることが多いが、「読むこと」の単元のゴールとして扱うこともできる活動である。年間指導計画を立てる際に、より効果的な場面で「本の紹介」を入れたい。

❷本の帯は、低学年から活動が可能である。ここでは5年生対象であるため、短い文や言葉で内容やよさを表現するキャッチコピーを考えさせたり、様々な紹介方法について、特徴や効果を考えさせたりする学習。

カードで本を紹介

[教][材] すきなおはなしはなにかな（東書・1年）

[準備物] 学年に応じたやや厚手の上質紙（下学年では、フォームが印刷されたもの）

○ お気に入りの本をカードで紹介することを通して読書の幅を広げる活動

活動を通して付けたい力

読書に親しみ、お気に入りの本を効果的に紹介する力

- お気に入りのお話を短い言葉（キャッチコピー）で紹介する表現力
- お気に入りのお話の中から素敵だと思った場面を抽出する力
- 自分が好きな物語などの紹介を効果的に行う力

どんなときに取り入れるか

● 学級において児童の読書活動を活発にしていきたいとき

● 年間を通じて、意欲をもって読書活動に取り組みたいとき

この言語活動にふさわしい教材

① （カードの書き方の導入において）全員が一緒に楽しめる物語文
　過去に学習した物語教材や読み聞かせをしてクラス全員が知っている物語を利用してカードの書き方を学ぶ。

② （高学年において）物語にテーマ性があり、キャッチコピーをつけやすい教材

ふさわしい教材例

★「**モチモチの木**」（光村・東書・教出・学図・3年）

★「**走れ**」（東書・4年）

★「**カレーライス**」（光村・5年）

★「**お話クイズ大会をしよう**」（学図・2年）

言語活動の手順例

STEP 1 物語文を学習し、楽しかったところや、心を
動かされたことを紹介し合う。

STEP 2 本の紹介カードの記入の方法を知る。

〈低学年〉

お気に入りの場面の絵を描くコーナー、特に
紹介したいところ、おすすめの一言などを記
入する欄があるとよい。

〈高学年〉

枠を設けず、児童の自由度を高める。キャッ
チコピーやあらすじ（興味をひくように途中ま
で）、おすすめの言葉などを書いていく。

STEP 3 児童の作品（異学年や昨年度の児童のもの）
や、本屋などに置かれているようなポップな
どを見て、自分の作りたい紹介カードのイ
メージをもつ。

STEP 4 紹介カードを作成する。

児童の作品は、継続して掲示できるようなコーナーを教室に設け
て、1冊の紹介にとどまらず、自分のペースで数多く紹介していくよ
うな雰囲気を作り出す。

STEP 5 実際の本を見せながら、定期的に紹介カードの発表会を行い、継
続的な読書活動へと発展させていく。

🔍 指導のポイント

❶ カードに絵を絵を描くことが苦手であったり、あらすじをまとめることに抵
抗があったりする児童もいることが予想される。まずは、本を紹介しようと
する気持ちを認めていき、カードの中の一部でもよさを見つけながら、カー
ドの出来映えばかりに注目しないように留意する。

❷ 1年生の場合は、紹介した本をもって、一言紹介の言葉を発表したり、児
童が本をもった写真を教室に掲示したりするだけでもよい。

本のしおり作り

教 材 お手紙（教出・1年／光村・東書・学図・2年）

[準備物] 画用紙などのしおりの材料、サインペン、色鉛筆、パウチ

○ 自分の選んだお気に入りの本を読んで、しおりを作ることで、作品の感想や魅力を伝える活動

活動を通して付けたい力

読書に興味をもち、楽しんで本を選んだり読んだりする力

- 自分が印象に残った言葉や行動を見つけ出し伝える力
- 作品を読んで感じたことや考えたことを共有し、違いに気づく力
- 作品の魅力を伝えるためのしおりの構成を工夫して表現する力

どんなときに取り入れるか

● **読んだ作品の感想を端的に表現し伝えるとき**

作品を読んで感じたことや学んだことを、キーワードや文、イラストなどを使って表現し、紹介し合うとき。

● **自分で選んだ本を紹介し合うとき**

自分の選んだお気に入りの本の魅力を紹介するとき。

この言語活動にふさわしい教材

①心に響くような印象的な会話文や文章の多い作品
②登場人物や場面の様子やキャラクターを想像しやすい作品
③シリーズものや、それぞれが完結する短い話に分かれている作品
④同じ作者の書いた別の作品を集めたもの

ふさわしい教材例

★「ニャーゴ」（東書・2年）　　★「海の命」（光村・東書・6年）

★「きつつきの商売」（光村・3年）　★「みちくさ」（学図・5年）

★「木竜うるし」（教出・4年／学図・5年）

★「ゆうすげ村の小さな旅館」（東書・3年）

言語活動の手順例

STEP 1 「本のしおりづくり」の方法やねらいについて理解する。

教師が作成した「本のしおり」を見て、どんなしおりを作りたいかを
考えて、活動の見通しをもつ。

STEP 2 自分の作る「本のしおり」で紹介する作品を選ぶ。

学校図書館や学級文庫にある本、家庭などで読んだ友達に紹介し
たい作品を選ぶ（複数でもよい）。

STEP 3 「本のしおり」に描く挿絵や自分の心に残った文を選ぶ。

紹介したい本の魅力が相手に伝わるような、イラストや心に残った
台詞・文などを選び、自分が作りたいしおりのイメージを具体化す
る。

STEP 4 「本のしおり」を作成する。

しおりを見た人が手に取って見たくなるような魅力あるしおりの構成
を考えながら作成する。

STEP 5 「本のしおり」を使って、本の紹介を行う。

できあがった「本のしおり」を交流す
ることで、自分が選んだ本を紹介し
たり、友達の選んだ本について知
り、互いの「しおり」のよさや違いを
交流し合う。

🔑 指導のポイント

❶感想を文章で書くことが苦手な児童であっても、「しおり作り」は絵を活用
できるので、抵抗感が少なく取り組める。

❷しおりの構成は、活動のねらいや児童の発達段階によって型が異なるの
で、作品例を提示するとよい。

本のポップ作り

教材　雪わたり（教出・5年）、「図書すいせん会」をしよう（教出・5年）
[準備物] 友達にすすめたい本を選ぶ、ポップ用紙とペンまたはタブレット端末

○ 読んだ本のよさを、短い言葉に表して、字体などの表現を工夫して伝える活動

活動を通して付けたい力

短い言葉で、その本の特徴や表現のよさなどを伝える力

- ・物語の展開に着目し、登場人物の気持ちの変化など効果的に表現する力
- ・物語の表現の面白さに着目して、本文から書き抜いて表現する力
- ・物語の大事な言葉に着目して、心に残る言葉や文を使って表現する力
- ・物語のもつテーマに着目して、作者が伝えたかったことを表現する力

どんなときに取り入れるか

●短い言葉で伝える表現の工夫を学ぶとき

物語の展開や表現の特徴、作品テーマをつかんで、短い言葉で表現する力をつけたいとき。

●本への興味関心を高め、読書を推進したいとき

中心教材を「雪わたり」として、同じ作者または児童のおすすめの本を紹介する際に、相手が読みたくなる紹介の仕方を学ぶ。

この言語活動にふさわしい教材

①登場人物の気持ちや場面変化があり、クライマックスがわかる作品
②表現の特徴（リズムや言葉、繰り返しなど）がある作品
③登場人物の印象に残る会話や言葉がある作品
④作品が伝えるテーマがわかりやすい作品

ふさわしい教材例

★「本をみんなにすすめよう」（東書・4年）　★「初雪のふる日」（光村・4年）

★「モチモチの木」（光村・東書・教出・学図・3年）

★「大造じいさんとガン」（光村・東書・教出・学図・5年）

言語活動の手順例

STEP 1 本のポップについて知り、学習計画を立てる。

学校図書館や公共図書館、本屋さんのポップを紹介し、ポップのイメージをもち、ポップを作り本を紹介する学習計画を立てる。

STEP 2 「雪わたり」の作品を読みポップを作る視点や柱とする内容を考える。

「雪わたり」を読み、①表現の特徴　②場面の展開　③作品テーマ　④心に残った言葉や文から、紹介したいことを考える。

STEP 3 「雪わたり」のポップを作り、交流する。

「雪わたり」を紹介するポップを作り、友達と互いのよさや、もっとよくするための工夫を話し合う。

STEP 4 自分が紹介したい本を選び、ポップを作る。

ポップを作る視点を選び、紹介の言葉を考える。

表現の工夫をする。①紹介する文や言葉　②文字の大きさ　③強調するデザイン　④挿絵　など

STEP 5 作ったポップと紹介したい本を一緒にして交流し、友達の表現のよさを見つける。

読みたくなる表現の工夫、本の特徴やよさが伝わる表現に着目させる。

STEP 6 できたポップと紹介したい本を、学校図書館に展示する。

宮澤賢治の心に響く世界

雪わたり　作　宮澤賢治　淡　小林敏也

きつねの幻灯会に招待された四郎とかん子
人間が悪いものを食べた幻灯を見た後

きつねのこしらえた団子を
果たして二人は食べるのか！

信じることの大切さ！

「かた雪かんこ　しみ雪しんこ・・・・・」
月の光が美しい森に響きます。あなたの心にも！

🔍 指導のポイント

❶短い言葉で書くことのイメージがもちにくい児童もいる。同じ作品で作って、意見交換をすることで、表現の工夫を指導する。

❷学校図書館の本から紹介したい本を選び、作ったポップと紹介したい本を合わせて、学校図書館に展示することで学びを広げていく。

本の紹介リーフレット

教材 鳥になったきょうりゅうの話（光村・3年）

[準備物] 画用紙、色鉛筆など

○ 紹介したい本を選び、リーフレットで伝える活動

活動を通して付けたい力

紹介する内容をいくつかのまとまりに分け、短い文でまとめる力

- ・伝えたい情報を収集する力
- ・伝えたいことを構成を工夫して表現する力
- ・読み手に本の良さを伝えるために記述を工夫して書く力

どんなときに取り入れるか

●**紹介したい本について、構成や記述を工夫して伝える力をつけたいとき**

読んでわかったことや思ったこと、さらに興味をもって調べたことなどを、いくつかのまとまりに分け、相手に伝わるよう表現する。

●**教材の読みを広げたいとき**

教材の読みで終わらせず、興味・関心をもった本を読み広げ、互いに紹介させたいとき。

この言語活動にふさわしい教材

①自然や生活、社会について、新しい知識や今まで知らなかったことが書かれている作品

②作品を読んで、もっと調べたいという探求心がわく作品

③心揺さぶられる作品

④登場人物が魅力的で、シリーズ化されている作品

ふさわしい教材例

★「アレクサンダとぜんまいねずみ」（教出・2年）

★「パラリンピックが目指すもの」（東書・3年）　★「ウナギのなぞを追って」（光村・4年）

言語活動の手順例

STEP1 本の紹介をするために、リーフレットを作成することを知って、リーフレットの特徴と様式について確認する。

　①一番伝えたいことを中心に書かれている。

　②内容のまとまりごとに書かれている。「割り付け」を工夫できる。

　③リーフレットの特徴を生かした組み立てが考えられている。

　　（折りたたんだ時の記事の配置・割り付けなど）

STEP2 紹介する本を決め、リーフレットに書く項目を考える。

　　　・説明的文章　　面白かったこと、初めて知ったこと、同じようなジャンルの本の紹介など

　　　・文学的文章　　あらすじ、おすすめの場面、登場人物について、作者について、シリーズ本や同じテーマの本の紹介等

STEP3 「鳥になったきょうりゅうの話」を使ってリーフレットを作ってみる。

　　項目を決め、短い文を考える。

STEP4 紹介したい本について内容を考える。

　　項目ごとに、短い文を考える。

STEP5 リーフレットの形を決め、レイアウトを考え、清書をする。

　　２つ折り、３つ折りなど自由に形を決める。決まったらそれぞれの内容をどこに書くか、割り付けを考えてから、清書をする。絵なども入れて仕上げる。

STEP6 本とともに教室に展示する。

　　互いに読み合い、友達の紹介の仕方のよさに気付く。

指導のポイント

❶児童に指示をする際には「構成」ではなく「割り付け」という語を用いて説明するとよい。

❷説明的文章、文学的文章など、紹介したい本のジャンルによって内容項目も違ってくる。その都度、ジャンルについて児童とともに確認する。

❸基本的に、どの学年でも経験することができる活動である。

ブックトーク

教材 「読書発表会」をしよう（教出・4年）、ごんぎつね（教出・4年）

[準備物] 本立て（ブックトーク時に使用）をグループの数だけ、ホワイトボードや移動黒板（発表者が紙を貼るため）

◯ 一つの「テーマ」に沿って、紹介したい本を数冊選び、紹介する活動

活動を通して付けたい力

目的に応じて、色々な本や文章を選んで読む力

- ブックトークで紹介するために、本を繰り返して読むなどして改めて味わったり、新たな面白さに気づいたりしながら、読む力
- 場面の移り変わりや、登場人物の気持ちの変化、情景などをとらえる力

どんなときに取り入れるか

● **共通で読んだ教材から発展して、読書の世界を広げてほしいとき**

「ごんぎつね」を共通読書をした後に「きつね」をテーマにして読むなど、絵本や科学読み物、民話など広く読書の幅を広げる機会としたいとき。

● **再読することで、表現の工夫など本の魅力に気づいてほしいとき**

「ブックトークをする」という目的意識をもって、一度読んだ本を再度読むとによって、表現や内容の細部に注意を払って読んでほしいとき。

この言語活動にふさわしい教材

①ブックトークをする相手が「読みたい」と思える本

②挿絵や写真がある、表紙の絵がよいなどブックトークの際に視覚的に強い印象を与えることができる本

③発表者の実体験や読書経験と、文章が結びついている本

📖 **ふさわしい教材例**

①1冊目が絵本、2冊目がミステリー、3冊目が小説というように、ジャンルの違う本を選ぶことを勧める。図書室にあるなど、児童が入手しやすい本がよい。

②目次、前書き、後書き、作者情報なども紹介できる本。

言語活動の手順例

STEP1 ブックトークの「テーマ」を決める。紹介したい本を2〜3冊選ぶ。

例❶「ごんぎつね」を読んだときの感想をもとにして「きつね」をテーマにする。（例「きつねの窓」「雪わたり」「きつねのよめいり」など）

例❷作者やジャンル（ファンタジーなど）をもとにして決める。

例❸自分の読書経験をもとにして、テーマを決める。
（「時」「帽子」「夢」「宇宙」「二人」「仲間」など）

STEP2 紹介する本の順番を決める。

例：テーマ「きつね」
　　本『きつねの窓』『雪わたり』

STEP3 ブックトーク発表のタイトルを考える。

例①「テーマ」をもとに決める。

例②本の引用文から言葉を選ぶ

STEP4 ブックトークの組み立てメモを作る。

初め　なぜ、このテーマにしたか。
　　　　なぜ、これらの本を選んだのか。

中　　紹介する本の著者と題名。
　　　　本の内容。（簡単なあらすじ。心に残った場面。印象に残った言葉。挿絵や写真。読み聞かせする文章）
　　　　前の本と次の本をつなぐ言葉。

終わり　テーマについて考えたこと。みんなに伝えたいこと。

STEP5 4人グループごとに「ブックトーク発表会」をする。感想交流をする。

時間がある場合は、他のグループにも発表できるように配慮する。

🔑 指導のポイント

　単元の導入で、教師や司書教諭による「ブックトーク」の実演を見る機会を設定して、活動のイメージをとらえやすいようにするとよい。ブックトークの相手意識は「きつね」のように教材を出発点としたテーマの場合は、同じ班の仲間にする。多様なテーマが設定された場合は、一つ下の学年の児童に向けて「発表会」を開くと、読書への意欲を喚起することができる。

ブックソムリエ

教材 ヒロシマのうた（東書・6年）

[準備物] 付箋

○ 今まで読んだ本の中から、「ソムリエ」がワインをその人のイメージに合わせて紹介するように、相手の興味・関心に合った本を紹介する活動

活動を通して付けたい力

目的に応じて、内容や要旨をとらえながら読む力

- 自分と本との関わりを見つめ直し、考えを再構築する力
- 要約や引用の仕方を考えながら、選書の意図を伝える力
- 選書の意図を比較しながら、他との相違点をとらえる力

どんなときに取り入れるか

●**物語の主題を考え、内容をとらえさせたいとき**

中心教材「ヒロシマのうた」と複数の作品を関連づけて読む学習を設定し、「それぞれの作品の共通点、相違点をとらえる」力をつけさせたいとき。

●**読書の幅を広げたいとき**

互いの作品を推薦する学習を設定し、様々な作品にふれさせたいとき。

この言語活動にふさわしい教材

①「命」や「友情」など、テーマが明確な作品
②「海」や「山」など、物語の舞台が明確な作品。
③登場人物の心情が豊富に描かれている作品。

ふさわしい教材例

★「**注文の多い料理店**」（東書・学図・5年）
★「**大造じいさんとガン**」（光村・東書・教出・学図・5年）
★「**海の命**」（光村・東書・6年）

言語活動の手順例

STEP1 ブックソムリエについて知る。

実際に本を紹介している映像（「ブックトーク」などでも可）を見て、相手に合わせて本を紹介することについてイメージをもつ。

STEP2 本を紹介する相手を決める。

例① 学級内で互いに推薦し合う。

例② 下級生（一つ下の学年・交流学年など）に対して、自分がソムリエとなって推薦する。

例③ 家族に対して、ソムリエとして推薦する。

STEP3 紹介する相手の目的や好みに応じた本を選ぶ。

相手の目的や好みに応じた本を選ぶために、選書の時間を確保する。

目的に合った本を数冊選ぶ。

STEP4 ソムリエとして、選んだ本の良さを考えて、推薦文を書く。

本のテーマや概要、主な内容などから推薦したい内容を考え、推薦する文章を書く。

ソムリエとして紹介する時の話し方を工夫しながら練習する。

STEP5 ブックソムリエとして活動する。

紹介する時間を設けたり、家庭学習として設定したりする。

〈紹介する活動〉

可能な限り、フィードバックを受け取ることができるように、紹介する相手方と調整を行う。

〈家庭学習〉

保護者からのフィードバックを受け取るようにする。

STEP6 最後に、振り返りカードに記入し、学習のまとめをする。

指導のポイント

❶「相手の目的や好みに合わせる」ことについて理解できるように、自分の好みで推薦するのではないことを確認する。

❷推薦の仕方について、声の大きさ、話す速さ、抑揚のつけ方などの工夫を指導する。

参考図書『実践ナビ！言語活動のススメ　モデル30』横山敏郎、明治図書出版

お話列車

教材 つり橋わたれ（学図・3年）、並行読書教材（シリーズなど）

[準備物] 画用紙（列車の車両分）

○ お話列車の各車両に紹介する内容を明確にして物語を読み、読み取った内容をそれぞれの車両に書いて表現する活動

活動を通して付けたい力

場面の様子の変化と人物の心情の変化を関連づけて読む力

・時や場所を表す言葉に着目し、場面の様子が変わったことをとらえる力
・様子や気持ちを表す言葉に着目し、人物の気持ちを想像する力
・場面の様子の変化と人物の心情の変化を関連づけて読む力

どんなときに取り入れるか

●登場人物の気持ちの変化をとらえさせたいとき

①場面の様子の変化をとらえさせたいとき。
②各場面での登場人物の気持ちを想像させたいとき。

●物語のお気に入りの場面を見つけて紹介させたいとき

各場面の様子や登場人物の心情をもとに好きな場面を見つけさせたいとき。

この言語活動にふさわしい教材

①場面の転換がはっきりしている作品・シリーズ
②中心人物がはっきりとしている作品・シリーズ
③中心人物の心情を想像することができる作品・シリーズ
④中心人物の心情が大きく変化する作品・シリーズ

ふさわしい教材例

★「サーカスのライオン」（東書・3年）
★「三年とうげ」（光村・3年）
★「ごんぎつね」（光村・東書・教出・学図・4年）

言語活動の手順例

STEP 1 「つり橋わたれ」を読んで、お話列車を作ることに興味をもつ。

教師が作ったお話列車を見てイメージをもつ。

だれに、何をどんな形でお知らせするのかを知る。

STEP 2 「つり橋わたれ」を読みながら、シリーズものなど、並行読書するための本を選ぶ。

STEP 3 挿絵を順番に並べ「つり橋わたれ」の話の大体をつかむ。

題、作者、訳者、登場人物などについて、お話列車にまとめる。

①「はじめ」「中」「終わり」に分けて、それぞれのあらすじ

②「はじめ」「中」「終わり」での中心人物の気持ち

③３つの場面それぞれの気に入ったところとその理由

STEP 4 並行読書したお話を題材にして、もう一つお話列車を作る。

STEP 5 ペアやグループで互いのお話列車を読み合い、感想を交流する。

並行読書した「おはなし」と
「つり橋わたれ」を比べて、
気がついたことや感想を交
流する。

STEP 6 学習を振り返り、わかったことや、できるようになったことをまとめる。

指導のポイント

❶児童が目的をもってお話を読み進められるように車両ごとに書く内容を明確に示す。

❷場面ごとに車両を書いていくが、それぞれの場面がつながりのあるものだということを車両をつなぐことを通して意識できるように指導する。

❸並行読書させるお話は「つり橋わたれ」と同じように、不思議な出来事の前後で登場人物の心情が変化するものを事前に選定しておく。

参考図書『アイテムで充実する　言語活動アイディア事例集［小学校国語科］』横浜市立二谷小学校、東洋館出版社、2013 年

読書クイズ作り

教材 たんぽぽのちえ（光村・2年）

[準備物] クイズの本、ICT端末

○ 説明文の学習において、読み取った内容を紹介することを目的に、効果的なクイズを作成して学習をまとめる活動

活動を通して付けたい力

読み取った内容をクイズを利用して効果的に伝える力

- 読み取った内容からどのようなクイズの発問がふさわしいかを検討する力
- 論の展開や事例などを生かしてクイズを作ることで内容をとらえ直す力
- 解答者という相手意識をもってクイズや説明を作文する力

どんなときに取り入れるか

●説明文の学習のまとめをしたいとき

●説明文の論の展開を再度確認しながら、児童の理解を深めたいとき

●学習の成果などを保護者や下学年に伝えたいとき

この言語活動にふさわしい教材

①説明文の展開がいくつかの例示を示しながら、まとめられているような教材

②筆者の仮説が具体的な例によって証明されているような教材

③動物の行動などが、順番を追って説明されているような教材

ふさわしい教材例

★「どうぶつの赤ちゃん」（光村・1年）

★「ミラクル　ミルク」（学図・3年）

★「すがたをかえる大豆」（光村・3年）

★「ありの行列」（光村・3年）

言語活動の手順例

STEP 1 説明文の学習のまとめとして、クイズを作り、学習したことを保護者に知ってもらおうという目標をもつ。

STEP 2 クイズのパターンについて知る。

発問文の例、答えの形（Yes／No型、選択肢型など）

STEP 3 クイズにできそうな場面を見つけながら、改めて文章を読み直す。どのような内容をクイズに盛り込んだらよいかを話し合う。

STEP 4 児童が作った問題をクラス全体で検証する。その際、「変化と理由」「順序」「因果関係」などの視点で整理しながら、どの問題を残すかを考えてみる。

変化と理由の例　表面的な変化と実質的な変化との差違に気づかせる

クイズの例①　なぜタンポポはたおれてしまったのかな？

順序の例　　　時系列の変化に着目させる

クイズの例②　花が枯れるじくが枯れるのとどちらが先？

因果関係の例　湿度の高いときの対応への気づき

クイズの例③　雨が降るとらっかさんは飛べるのかな？

STEP 5 タブレット端末などを利用して、クイズをスライドショーにし、発問、答えの紹介、開設というように構成して作成する。

STEP 6 保護者に向けて「読書クイズ発表会」を開く。クイズについての感想をもらい、活動の振り返りをする。

指導のポイント

❶説明文の構成を生かしながら、クイズが展開するように考えさせたい。

❷クイズの形式が、解答者にとって考え易い形になっているかを検証したい。

❸解答の解説文を端的でわかりやすい文にするようにと助言する。

❹タブレット端末を用いて、スライドショーにするなど効果的なクイズ紹介をする。

❺保護者などに解答をお願いし、感想によって活動の評価をする。

読書ボード作り

教材 森へ（光村・6年）、『卒業する君に』スイッチパブリッシング

[準備物] コルクボード（B4）、ピン、作者自身の著書や経歴等の資料

○ 作者自身の人物像にふれながら物語や随筆等を読み、視覚的に読み手に訴えることのできる読書ボードを作って、おすすめの本の魅力を伝え合う活動

活動を通して付けたい力

選んだ本の魅力を「読書ボード」を用いて表現する力

・物語や随筆などの文章を、作者自身の生き方や考え方にふれながら、内容や構成、表現のよさと効果等を考えながら読む力

・推薦文を書いて交流することで、自分の考えを深める力

どんなときに取り入れるか

●**読書の幅を広げたいとき**

作品だけでなく、作者を知ることで、読書の幅を広げ、様々なジャンルの本を読もうとする態度を養いたいとき。

●**本の魅力を伝え合い考えを深めさせたいとき**

作者の人物像に触れながら、本の魅力に迫る推薦文を書き、交流して自分の考えを深めたいとき。

この言語活動にふさわしい教材

①作者の考えや生き方に触れることのできる作品

②作者の考えや生き方に触れる資料のある作品

③高学年の児童が未来を考えるヒントになる作品

ふさわしい教材例

★「カレーライス」（光村・5年）

★「ゆず」（学図・5年）

言語活動の手順例

STEP 1 「読書ボード」を作成する計画を立てる。

「読書ボード」の見本を提示して、見通しがもてるようにする。

「読書ボード」のパーツを確かめる（書名・印象に残る写真や叙述・表紙・作者プロフィール・推薦文・おすすめメッセージ）。

STEP 2 「森へ」を読んで、内容と構成をつかむ。

「森へ」を読んで、印象に残った写真と叙述とを選ぶ。

STEP 3 「森へ」を読んで、筆者のプロフィールを書く。

「卒業する君に」を読んで、「読書ボード」で伝えたい星野さん像について話し合う。

STEP 4 「森へ」の推薦文を書く。

序論：
「森へ」の魅力
本論：
筆者の魅力
結論：
自分の思い
おすすめのメッセージを書く。

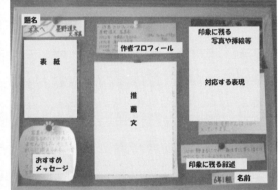

STEP 5 並行読書をしていた本の「読書ボード」を作る。

「森へ」と同じ手順で「読書ボード」を作ることを知る。

STEP 6 完成したものを友達と交流する。

指導のポイント

❶物語や伝記でも活用できる言語活動。読書ボード全体で、本の魅力を伝えるよう手順を踏み、作成する。書き直すことも容易でレイアウトも自分で工夫することができる。

❷中心になるのは推薦文なので、縦書きで、序論・本論・結論の三部構成とし、教材文と対応させて検討させる。

参考図書『アイテムで充実する　言語活動アイディア事例集［小学校国語科］』横浜市立二谷小学校、東洋館出版社、2013 年

読書キューブ作り

教材 走れ（東書・4年）

[準備物] 方眼紙（10 〜 13 センチ四方の立方体を作成するための紙）、色画用紙

○ 物語を想像的に読みながら読書キューブ表6面と中のカードに本の紹介を書いたもの）を作成し、おすすめの本を紹介する活動

活動を通して付けたい力

自分が選んだ本について、すすめる理由を明確に紹介する力

- 登場人物の行動や気持ち、関係性を叙述をもとに想像する力
- 登場人物の気持ちの変化と場面の移り変わりを複数の叙述を関連づけて想像する力

どんなときに取り入れるか

●幅広く読書に親しむ態度を養いたいとき

読書キューブの各面を読みの要素ごとに作りながら、読書を楽しむ学習をしたいとき。

●物語を紹介する力をつけたいとき

教材文で本の紹介の仕方（読みの要素）を確かめ、相手意識をもって自分のおすすめの本を紹介する力をつけたいとき。

この言語活動にふさわしい教材

①登場人物同士の関係が明確で、場面展開がわかりやすい作品
②登場人物の行動から心情を想像しやすい作品
③登場人物の心情の変化に共感できる作品

ふさわしい教材例

★「走れ」（東書・4年）
★「プラタナスの木」（光村・4年）

㊂㊙㊙㊙㊙㊙ の 手 順 例

STEP1 一つ下の学年である３年生に、おすすめの本を読書キューブで紹介する計画を立てる。

実際に見本の読書キューブを見てイメージをもつ。読書キューブのパーツを話し合う。相手意識を明確に並行読書の見通しをもつ。

STEP2 「走れ」を読んで、内容の大体（構成）をつかみ、初めの感想を交流する。キューブ表面①題名・作者名を書く。

STEP3 登場人物を読む。表面②主な登場人物、中カード②登場人物相関図等を書く。

話の展開を読む。表面③あらすじ最初の場面、中カード③それ以降を書く。主人公の心情の変化も読み、コメントとして記述する。

STEP4 おすすめの場面と叙述を選ぶ。表面④挿絵、中カード④引用の叙述を書く。

おすすめのメッセージを書く。（すすめたいところ・根拠と叙述・メッセージ）表面⑤おすすめメッセージ、中カード⑤全文を書く。

表面⑥作者のことやキューブの説明、感想のお願いを書く。

教材文のキューブが完成したら、紹介し合う。

STEP5 並行読書していた本から、おすすめの本を選び、教材文と同じ手順で、内容を読み進めながら、読書キューブを作成する。

作品を象徴するものを入れるのもよい。

読書キューブを使って紹介の練習をする。

STEP6 ３年生に読書キューブを使っておすすめの本を紹介する。

指導のポイント

❶教科書教材で話の展開を読み、あらすじをどう書くか、おすすめメッセージの構成をどうするか、をしっかり指導し、自分の選んだ本の紹介に生かせるようにする。

❷キューブの６面全部で表面と中カードを活用するのではなく、実態に応じて、児童と相談しつつ、活動を組み立てていくとよい。

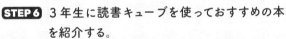

参考図書『アイテムで充実する　言語活動アイディア事例集［小学校国語科］』横浜市立二谷小学校、東洋館出版社、2013 年

本のツリー作り

教 材 プラタナスの木（光村・4年）、並行読書教材

[準備物] ツリーを印刷した画用紙、3色の葉と実カード、のり、はさみ

○ 本を読んで感じたことや考えたことを、二色（緑・黄色）の葉（ブックリーフ）とピンク色の実を模したカードに書いて、「本のツリー」を作る活動

活動を通して付けたい力

登場人物の様子や気持ちを想像して、感想や考えをもつ力

- 場面の様子を表す言葉に着目して、気持ちや行動を想像する力
- 複数の叙述を結びつけたり情景描写に着目したりしながら、登場人物の気持ちや人物像を想像する力

どんなときに取り入れるか

● **登場人物の行動や気持ちに着目して読む楽しさ、面白さに気づかせたいとき**

登場人物に着目するという読み方で、その楽しさや面白さに気づく。

● **登場人物の行動や気持ちについて、叙述をもとにとらえる力をつけたいとき**

行動や会話文、情景描写などから、行動や気持ちを想像する力をつける。

この言語活動にふさわしい教材

①登場人物がしたことや気持ち、性格を具体的に想像しやすい作品
②複数の人物が登場する作品
③登場人物の気持ちの変化や場面の展開がはっきりしている作品
④登場人物の相互関係をとらえて、関係性が具体的に想像しやすい作品

ふさわしい教材例

★「つり橋わたれ」（学図・3年）

★「モチモチの木」（光村・東書・教出・学図・3年）

★「白いぼうし」（光村・教出・学図・4年）

言語活動の手順例

STEP 1 「マイブック」を決めて読み始める。

同年代の登場人物が出てくる本を、司書教諭のブックトークなどを通して知る。自分が興味をもった本を「マイブック」として読み始める。

STEP 2 「プラタナスの木」を読み、気になるところや心に残ったところを見つけ、自分の思いや考えを「ブックリーフ」に書く。

緑色のブックリーフに気になるところや心に残ったところを書く。

STEP 3 友達と交流し、自分の考えをはっきりさせ「ブックリーフ」に書く。

黄色のブックリーフをもとに交流し、確かになった自分の考えを書き加える。

STEP 4 「マイブック」の気になるところや心に残ったところを見つけ、自分の思いや考えを「ブックリーフ」に書く。

緑色の「ブックリーフ」に書く。

STEP 5 プラタナスの木の登場人物について感じたことや考えたことを友達と伝え合う。

互いの考えを出し合い、ピンク色の実に自分の読み取ったことを書く。

STEP 6 「マイブック」を読んで、自分が感じたことや考えたことを伝え合い、「ブックツリー」に書いてまとめる。

「マイブック」への思いを友達と交流し、ピンクの実に書く。

🔑 指導のポイント

❶「マイブック」に選ぶ本は、「プラタナスの木」のように同年代の子どもが出てくる本にして、自分と重ねて読むように促すとよい。

❷本を通して伝え合う活動が活性化するように１分間ブックトークを常時活動として行っておくと、「マイブック」を選ぶ際にも混乱が少なくなる。

読書記録をつける

教材 読書とわたし（東書・6年）（読書指導全学年）

[準備物] 学年に応じて、読書の記録用紙や記録方法を考える

> 学期始めや学年始めに日々の読書記録として取り組みを開始し、児童が継続的に本を進んで読み、読書記録を書く活動

活動を通して付けたい力

日々本を読む意欲や態度を育て、児童が本を読む力

- 目的に応じて読みたい本を選ぶ力
- 読んだ本について必要な内容を落とさずに記録する力
- 読書記録を読み返し、読書の傾向や課題を見直し、改善をする力

どんなときに取り入れるか

●教科書単元や長期休暇をきっかけにして取り組みを始めたいとき

読書は、児童によって個人差や興味に差がある。どの子にも取り組みやすい記録用紙や方法・内容にして意欲を喚起する。

●学期間や年間を通して取り組みたいとき

継続的に取り組むためには、記録カードや記録ノート、読んでおきたい本のリストを工夫し、読んだ記録を残して励みになるようにする。

この言語活動にふさわしい教材

①続けて読みたくなる楽しさや面白さのある作品
②趣味や好きなことに関わりのある作品
③家族や家庭生活と自分の生き方や、友達・先生・学校生活を考えさせる作品
④社会や自然の知識や関わり方を学べる作品

📖 ふさわしい教材例

★絵本『ふたりはともだち』『ねこのオーランド』　★物語『ゆかいなヘンリーくん』『エルマーのぼうけん』　★自然『ファーブル昆虫記』『ズッコケ三人組』
★物語『ナルニア国物語』『夏の庭』『アンネの日記』　など

言語活動の手順例

STEP 1 読書記録を書く目的を知る。
- 読んで心に残ったことや言葉を思い起こすことができる。
- 自分がどんな本を読んだか記録が残り読者への励みになる。
- 継続的に読書記録を書き続けることで、読書の読みが深まる。
- 記録を読み返すことで、読書傾向や好みを知ることができる。

STEP 2 本の選び方を考える。
- 自分が面白く、楽しいと思える作品を選ぶ。
- 名作にこだわらず、自分の趣味や生活が豊かになる本を選ぶ。
- 無理せず読み切れる本を選ぶ。
- 絵本や物語、マンガやアニメなど何でも読んでみる。
- 好きな話や好きな登場人物のファンになれる本を探す。

STEP 3 読書記録の書き方を知る。
- 学年によって、カード形式にするか、ノート形式にするか考える。
- 「読んでおきたい本」一覧表を作り、書き込めるようにする。
- 【項目例】題名・作者名・日にち・感想・印象的な言葉や文

STEP 4 毎日読書ができるようにするために工夫すること
- 寝る前や食休みなど自分の生活スタイルに合わせて決めて読む。
- 読む時間やページ数などを決めて、毎日少しずつ読み進める。
- 難しい、つまらないと感じたら、その本は無理して読まない。
- 時には同じ本を友達と読んで、感想や本の情報を交換する。
- 絵本や物語のシリーズものを選ぶ。
- 気に入った作者の作品を続けて読んでみる。

指導のポイント

❶定期的に読書の取り組み状況を把握するとともに、励ますようにする。

❷個人情報に留意して、学級の読書数の様子を発表したり掲示したりする。

❸読書記録を生かして、児童が発表し紹介し合う機会を設ける。

❹月末や学期末に読書記録を振り返り、次の読書目標を考える指導をする。

❺読んだ本の冊数やジャンルの偏りに、こだわりすぎる指導をしない。

アニマシオン① 「読みちがえた読み聞かせ」

教材 わらしべちょうじゃ（光村・1年）

[準備物] 読み聞かせをする本

○ 一度聞いた物語や知っている物語の読み聞かせを、注意深く聞く活動

活動を通して付けたい力

物語で使われている言葉に注意しながら聞く力

・物語の筋や、情景の描写などに注意しながら読み聞かせを聞き取る力
・物語を主体的に聞き、あらすじや使われた言葉を記憶する力
・言葉の大切さや選び方に気づく力

どんなときに取り入れるか

●**読み聞かせを注意深く聞かせたいとき**

物語の叙述や使われている言葉を記憶するほど、物語の世界に浸って聞いたり読んだりする。

●**物語に使われている言葉の大切さに気づかせたいとき**

言葉が置き換えられたときに、意味の違いや感じの違いに気づく。

この言語活動にふさわしい教材

①読み聞かせしやすい作品
②内容がシリアスなものより楽しく読めるものの方がこのアニマシオンにはふさわしい。活動中、児童が元気に「違っています」と発言できるようにしたい。

ふさわしい教材例

★「やくそく」（光村・1年）
★「いなばの白うさぎ」（光村・教出・2年）
★『ももたろう』松居直（福音館書店）

言語活動の手順例

STEP 1 読み聞かせを聞く。

あらすじをつかみやすいようにゆっくりと読む。

STEP 2 聞いた物語について、あらすじや登場人物などを話し合う。気に入ったかなど感想も言う。

発言例①あぶをほしがる男の子がおもしろい。

発言例②どんどんいいものに変わっていっておもしろい。

STEP 3 教師はあらかじめ置き換える（読みちがえる）言葉を決めておく。

例①いいことがありますよ→悪いことがありますよ

例②あぶ→ちょうちょ、みかん→りんご、馬→牛

教師が注目してほしい言葉を、1ページに1、2か所を目安に、類語や反対語に置き換えて読む。

STEP 4 再び読み聞かせを聞く。

読み間違えた箇所に気づいたら、「違っています」と発言する。正しい言葉を覚えていれば発言する。間違えた言葉では物語がどう違っていくのかを考えて、発表する。

🔍 指導のポイント

❶アニマシオンは、本を自力で読み通すために必要な様々なスキルを、本を使ったゲーム的な活動を通して育てる指導方法である。本を丸ごと一冊扱うのが原則なので教科書では行わないのが通常だが、ここでは巻末の付録の読み物を教材例とした。明るい短い話なら、多くの本で実施できる。

❷話の筋を理解したか、細部の描写までイメージできているのかなど、児童の教材に対する理解度を考慮する。

❸間違いに気づいた児童が「違っています」と声を出せるよう、気軽な雰囲気を作ることが大切。気づいた児童や記憶していた児童を、褒めることが重要である。

参考図書『読書へのアニマシオン―75の作戦』マリア・モンセラット・サルト著、宇野和美訳、カルメン・オンドサバル、新田英子監修、柏書房、2001年

アニマシオン② 「いる？いない？」

[教][材]『王さまと九人のきょうだい』訳: 君島 久子／絵: 赤羽 末吉（岩波書店）

[準備物] 読み聞かせをする本、共通読書する本、登場人物リスト

○ 物語の登場人物に注意して、物語を読んだり聞いたりする活動

活動を通して付けたい力

登場人物に注意を向けて物語を理解する力

・登場人物に注意しながら読み聞かせを聞き取る力
・物語を主体的に聞いたり読んだりして、登場人物を記憶する力

どんなときに取り入れるか

●**物語には登場人物が重要であることを気づかせるとき**

物語を理解する上で、複数の登場人物を混同することなく読み進めていく態度を身につける。

●**登場人物の様子を想像しながら読ませたいとき**

登場人物の名前を正しく覚えイメージしながら読む態度を育てる。

この言語活動にふさわしい教材

①複数の人物が登場する作品
②登場人物が様々な役割をもっている作品

ふさわしい教材例

★「スイミー」（東書・教出・1年／光村・学図・2年）
★「せかい一の話」（光村・2年）

言語活動の手順例

STEP 1 読み聞かせを聞く。あるいは指定された物語を事前に読んでおく。

〈教師の準備〉
教師はあらかじめ登場人物リストを作成しておく。登場人物名とでたらめの登場人物も加えて適当な順番で一覧表にして、人数分印刷する。

STEP 2 児童は各自、配付された登場人物リストを声を出さずに読み、今回、取り上げている物語に出てきた人物に丸印を付ける。

STEP 3 全員がリストに印を付けた後、一人ずつ「リストの中のだれがいてだれはいなかったか」を発表する。

自信がなければそれも言ってよいことを確認する。ゲームなので間違っても構わないという雰囲気で行う。正しく記憶していた児童を紹介し合う。

STEP 4 ①その人物が確かにいたことと、②物語のどこでどのように登場していたかという2点について物語の内容に触れながら、話し合う。リストの全員についての確認ができたら、終了する。

中国の民話
王さまと九人のきょうだい
君島久子訳
岩崎書店

でてきた人
1、ちからもち
2、ながすね
3、切ってくれ
4、はらへった
5、くいしんぼう
6、白いかみの老人
7、さむがりや
8、王子さま
9、たたいてくれ
10、みずくぐり
11、くすぐってくれ
12、神さま
13、かわくだり
14、年よりのふうふ
15、あつがりや
16、ながうで
17、ぶってくれ
18、ちからいっぱい
19、王さま
20、はらいっぱい

「王様と九人のきょうだい」の人物リスト

指導のポイント

❶アニマシオンは、本を児童が自力で読み通すために必要なスキルを、本を使ったゲーム的な活動を通して、育てる指導方法である。

❷この「いる？いない？」は登場人物を識別して内容を理解できるようになることをねらいとしている。

❸「こんな人いたかな？」と迷わせる架空の名前をリストに加えるのがポイント。

❹この活動中によい発言ができなくても、次は自分も発言したいという思いをもたせることが大切。その思いが、登場人物に注意を向けて名前を記憶しながら、読書したり読み聞かせを聞いたりする態度を引き出す。

参考図書『読書へのアニマシオン─75の作戦』マリア・モンセラット・サルト著、宇野和美訳、カルメン・オンドサバル、新田英子監修、柏書房、2001年

アニマシオン③ 「ここだよ」

教材 『ダチョウのくびはなぜながい?』ヴァーナ・アーダマ(冨山房)

[準備物] 読み聞かせをする本、登場人物の札(ペープサート)

○ 物語の登場人物に注意して、物語を聞く活動

活動を通して付けたい力

登場人物に注意を向けて物語を理解する力

・登場人物に注意しながら読み聞かせを聞き取る力

どんなときに取り入れるか

●**読み聞かせに集中して楽しく聞かせたいとき**

登場人物の名前を正しく覚えイメージしながら読む態度を育てる。

●**物語には登場人物が重要であることを気づかせるとき**

物語を理解する上で、複数の登場人物を混同することなく読み進めていく態度を身につける。

この言語活動にふさわしい教材

①複数の人物や動物が登場する作品

②登場人物が挿絵によってイメージできる作品

②登場人物が様々な役割をもっている作品

ふさわしい教材例

★『ガンピーさんのふなあそび』ジョン・バーニンガム(ほるぷ出版)

★『これはのみのぴこ』谷川俊太郎(サンリード)

言語活動の手順例

STEP1 教師による読み聞かせを聞く。

〈準備する物〉

あらかじめ各登場人物の絵が描いてある札を作成しておく。登場人物の絵を厚紙などに貼りペープサートのように持ちやすくしておく。紙コップに絵を貼り付けてもよい（写真）。人数分用意する。

STEP2 聞いた物語について、次の2点に着目して話し合う。

①どんな人や物が出てきたか。

②お話を気に入ったか。

〈教師の指示〉

児童に絵の描かれた札を配る。児童が好きな人物の札を取れるようにする。

STEP3 自分はだれの札を持っているかを発表する。

STEP4 もう一度読み聞かせを聞く。自分の持っている登場人物がお話に出てきたところで、札を上げながら「ここだよ」と大きな声で言う。

〈留意点〉2度目の読み聞かせでは、児童が「ここだよ」と言いやすいようにゆっくり間をとって読む。児童とアイコンタクトや表情で言えたことを認めながら読み進める。

🔍 指導のポイント

❶アニマシオンは、本を児童が自力で読み通すために必要なスキルを、本を使ったゲーム的な活動を通して、育てる指導方法である。

❷この「ここだよ」は登場人物を手がかりに読み聞かせを注意深く聞けることをねらいとしている。読み聞かせに集中できない児童が、積極的に聞けるようになることが目的なので、読み聞かせの初期の段階で実施する。

❸登場人物や物が児童の人数より少ないときには、同じ札を複数作るか、ペアで1枚の札を持つなど、児童全員が役割をもてるように工夫する。

❹言い忘れた児童に、他の児童からそっと「君の出番じゃない？」などと教え合えるような楽しい雰囲気を作ることが大切。

参考図書『読書へのアニマシオン―75の作戦』マリア・モンセラット・サルト著、宇野和美訳、カルメン・オンドサバル、新田英子監修、柏書房、2001年

アニマシオン④「前かな？後ろかな？」

教材『火よう日のごちそうはひきがえる』ラッセル・E・エリクソン（評論社）

[準備物] 共通読書をする本、本の一部分（一段落くらい）が書いてあるカード（子どもの人数分）

○ 物語の順序に気をつけて、物語のあらすじや出来事の順序を理解する活動

活動を通して付けたい力

物語のあらすじを理解する力

・出来事の順序に従って内容を整理して物語を理解する力
・読んだ物語のあらすじや使われた言葉を記憶する力

どんなときに取り入れるか

●**物語の全体を出来事の順序に沿って理解できるようにしたいとき**

気に入った一部分だけではなく、物語のはじめからおしまいまでを、出来事の順番に沿ってあらすじをとらえることができるようにする。

●**物語に使われている言葉やあらすじを記憶できるようにしたいとき**

集中して本を読み、内容を記憶しておく体験をさせる。

この言語活動にふさわしい教材

①児童の発達段階や実態に合った本
②起承転結のはっきりした作品

ふさわしい教材例

★『ニレの木広場のモモモ館』高楼方子（ポプラ社）
★「大造じいさんとガン」（光村・東書・教出・学図・5年）

言語活動の手順例

STEP1 学習に入る2週間前に、本のゲームをすることを知って、ゲームに使う本を読んでおくことを理解する。

〈教師の準備〉
教師はあらかじめ、本の中の一段落を1枚のカードに書き込んでおき、児童の人数分用意しておく。

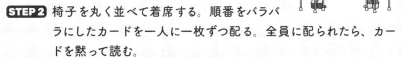

STEP2 椅子を丸く並べて着席する。順番をバラバラにしたカードを一人に一枚ずつ配る。全員に配られたら、カードを黙って読む。

STEP3 指名された端の一人が自分のカードを読む。

次に隣の人が自分のカードを読む。2番目に読んだ児童のカードの方が、本の中で先に出てきていれば、1番目と2番目の席を入れ替えて着席する。次に3番目の席の児童が自分のカードを読み上げ、書かれていた段落の順番を考えて、座席を入れ替えて着席する。このようにして、全員が自分のカードを読み上げ、先に読んだカードのどの順番に入るか考えて座席をずらしていく。

STEP4 全員が終わったところでカードを並び替えた順番で読み、誤りに気づけば修正する。

STEP5 教師が告げた正解を知る。再度正しい順番でカードを順に読む。

🔑 指導のポイント

❶アニマシオンは、本を児童が自力で読み通すために必要なスキルを、本を使ったゲーム的な活動を通して、育てる指導方法である。

❷この「前かな？後ろかな？」は集中して読書し、出来事の順番に注意を向けて内容を理解することをねらいとしている。

❸カードを読み上げて物語の順番に座席を変えることは楽しく騒がしくなるが、児童に任せたい。自分のカードが、誰と誰の間か、自分の意見を言えることが大切。この活動中に発言ができなくても、次に本を読むとき、出来事の順番を記憶しながら本を読む態度が身につくことがねらい。

参考図書『読書へのアニマシオン―75の作戦』マリア・モンセラット・サルト著、宇野和美訳、カルメン・オンドサバル、新田英子監修、柏書房、2001年

10
読
書の世界を楽しみながら［読む］

アニマシオン⑤「なんてたくさんの物があるんでしょう」

教材　『たこをあげるひとまねこざる』マーガレット・レイ（岩波書店）

[準備物]　読み聞かせまたは共通読書をする本、本に出てきたものを問う質問カード（児童の人数分またはグループ数分）

○　本を集中して読み、読んだ本に出てくるものや挿絵を思い出す活動

活動を通して付けたい力

読書や読み聞かせを聞くことに集中できる力
- ・物語の筋や、挿絵などに注意しながら本を読む力

本に出てきた言葉をイメージする力
- ・挿絵や本に出てきた言葉を他の言葉に置き換える力

どんなときに取り入れるか

●挿絵にも注意を向けて、本を読むことや読み聞かせに集中させたいとき
登場人物以外にも、物語にはたくさんの人や物が登場していることに気づいて本を楽しませたいとき。

●語彙を増やしたいとき
絵と言葉、言葉と言葉の結びつきを意識させて語彙を増やしたいとき。

この言語活動にふさわしい教材

①絵に着目させたいときには、挿絵にたくさんの情報がある作品
②家の中の様子、登場人物の洋服などの描写がある作品

ふさわしい教材例

★『としょかんライオン』ミシェル・ヌードセン（岩崎書店）
★『火よう日のごちそうはひきがえる』ラッセル・E・エリクソン（評論社）

言語活動の手順例

STEP 1 教師による読み聞かせを聞く。同じ本を数冊用意し手元でも読めるようにする。共通読書しておいてもよい。あらすじや登場人物などを話し合う。気に入ったかなど感想も言う。本はこの時点でしまう。

〈教師の準備〉
あらかじめ「この本に○○は出てきましたか」という質問カードを子どもの人数分（グループ数分）と質問リスト用意しておく。

STEP 2 自分に配られた質問カードを読み黙って考える。「はい、出てきました。□□の場面に出てきました」と答えられるよう答え方を示す。グループごとの質問時には、グループで相談する時間を設ける。

STEP 3 教師は質問リストを順に読み上げる。少し間をおいてそのカードが来ていた児童が答える。わからなければそう発表する。他にも思いついたことがある児童も発表する。これを繰り返し、全ての児童（グループ）が質問に答える。再び本を開き、答えを確認し合う。

〈質問例〉A：話の内容に関わる言葉を上位概念の言葉に置き換えて聞く（食べ物は出てきますか？　プレゼントは出てきますか？）
B：挿絵にだけ出てきたものを聞く（花は出てきますか？　煙は出てきますか？　水玉模様の物は出てきますか？）
C：想像できるものを聞く（大きな音は出てきますか？）

指導のポイント

❶アニマシオンは、本を子どもが自力で読み通すために必要なスキルを、本を使ったゲーム的な活動を通して、育てる指導方法である。

❷この「なんてたくさんの物があるんでしょう」は本を集中して読み、言葉をイメージできるようになることをねらいとしている。

❸質問の言葉や取り上げる挿絵などにより、高学年でも十分に楽しめる。

❹質問には、物語に出てこないものも交ぜる（お金は出てきますか？ など）。

参考図書『読書へのアニマシオン─75の作戦』マリア・モンセラット・サルト著、宇野和美訳、カルメン・オンドサバル、新田英子監修、柏書房、2001年

アニマシオン⑥「俳句で遊ぼう」

教材 児童に理解しやすい俳句

[準備物] 俳句が一句書かれているカード（6〜10句分をそれぞれ児童の人数分）

○ 隠された俳句の一語に当てはまる言葉を考える活動

活動を通して付けたい力

詩的な表現や言葉を見つけ出す力

- 季節や状況にふさわしい言葉を考える力
- 俳句の形式や季語に慣れる
- 言葉の大切さや選び方に気づく力

どんなときに取り入れるか

●言葉の面白さや俳句の面白さに気づかせたいとき

当てはまる言葉を考えることで俳句の形式に慣れ、言葉を選ぶ楽しさを味わう体験をする。

●個人個人様々な感じ方があることを言葉を通して気づかせたいとき

正解を求めるのではなく、皆で意見を出し合い、それぞれの感じ方の違いやよさを認め合う。

この言語活動にふさわしい教材

児童が知らない名句で、情景や感覚が児童にも共感できる俳句

📖 ふさわしい教材例

〈多様な考えが出た俳句の例〉　　※（　）は活動時に空欄にして示す箇所

チューリップ（喜び）だけを持っている／（顔）じゅうを蒲公英にして笑ふなり／花火上がるはじめの音は（静か）なり／つゆばれやところどころに（蟻）の道／虹自身（時間）はありと思いけり／捕虫網買ひ（父）が先ず捕へらる／（囀り）をこぼさじと抱く大樹かな

言語活動の手順例

STEP 1 教師は一枚のカードに一句ずつ、一語を抜かした俳句を書き込んでおく。
6句から10句用意し、同じものが複数でもよいので、児童の数分作成する。

STEP 2 一人に1枚ずつカードを配る。自分のカードの俳句を読み、当てはまる言葉を黙って考える。わからない言葉があれば個別に質問する。

STEP 3 指名された児童から、自分のカードの俳句を空欄のまま読み上げる。教師は黒板にその俳句を書く。少し間を取り、指名された児童が考えた言葉を発表する。同じカードの児童がいたら、その児童も考えた言葉を発表する。教師は空欄の箇所に全て板書する。

STEP 4 **STEP 3** を繰り返し、全ての児童が自分のカードについて発表する。

STEP 5 黒板を見ながら、自分のカード以外の俳句について考えがあれば発表し合う。

STEP 6 意見が出尽くしたら、教師はオリジナルの言葉を発表して終了。

🔍 指導のポイント

❶ アニマシオンの「俳句で遊ぼう」は詩や俳句に親しむことをねらいとしている。

❷ どの俳句を選び、どの語を隠すかがポイントになる。語の意味が児童にわかり、情景が想像できる句がよい。季語は隠さない方が、俳句の情景を想像しやすく、話し合いが活発になる。

❸ オリジナルの言葉を当てることより、それぞれの考えを認め合うことに主眼をおく。その上で作者の言語感覚や描写の優れている点を味わいたい。

参考図書『読書へのアニマシオン―75の作戦』マリア・モンセラット・サルト著、宇野和美訳、カルメン・オンドサバル、新田英子監修、柏書房、2001年

アニマシオン⑦「合戦」

教材 『おとこの子とおもっていた犬』コーラ・アネット（大日本図書）

[準備物] 共通読書をする本

○ 読んだ物語の内容に関してクイズを出したり答えたりする活動

活動を通して付けたい力

●**物語の描写に注意して読む力**
- あらすじを追うだけでなく細かい描写にも注意を払って読む力
- 物語のどこが重要か読み取る力
- 物語をじっくり味わう力

どんなときに取り入れるか

●**自分の力で深く読書をさせたいとき**
クイズを作るという視点から読むことで、物語の構成や細かい描写などに着目して読み進める。

●**物語に使われている言葉の大切さに気づかせたいとき**
クイズに答えるために物語の叙述や使われている言葉を記憶するほど、物語の世界に浸って読む体験をさせたいとき。

この言語活動にふさわしい教材

①児童が自力で読み取れ、学年の力に合った作品
②登場人物や出てくるものが多い作品
③登場人物やもの、情景に詳しい描写がある作品

📖 ふさわしい教材例

★「山ねこ、おことわり」（光村・4年）

★『さるかにばなし』西郷竹彦（ポプラ社）

★『火よう日のごちそうはひきがえる』ラッセル・E・エリクソン（評論社）

★『エルマーのぼうけん』ルース・スタイルス・ガネット（福音館書店）

言語活動の手順例

STEP 1 共通の物語を読んでおく。一人３問、この物語の内容からクイズを作っておく。答えが明確になるよう叙述に即したクイズにする。

STEP 2 ３、４人のグループを作り、各自の作ったクイズを出し合う。答えを考えるとともに、グループ対抗戦のクイズ大会のときにはどの順番で出すかなどを相談しておく。グループごとに、各自の考えてきたクイズを教師に提出する。他のグループには秘密にする。

STEP 3 教師は各グループのクイズが、他のグループと重なっていないか把握しておく。（全体のクイズの種類が少なければ、大会のやり方を**STEP 4**Ｂ案にすることにし、各グループに個別にアドバイスをする。）

STEP 4 学級全体でクイズ大会をする。

Ａ案 各グループの総当たり戦をする。交代で３問ずつクイズを出し合い、正解数の多い方を勝ちとする。勝ち数の多いチームが優勝。

Ｂ案 グループで相談して一番難しいと思うクイズを決めておく。グループごとに１問ずつ学級全員に向けて、順番に出題する。児童は解答用紙に答えを書いていく。グループごとに正解を発表し、答え合わせをする。一番正解率の低いクイズを作ったグループが優勝。

STEP 5 振り返りをする。どんなクイズが難しかったか、いい問題だと思ったかなど感想を発表する。

🔑 指導のポイント

❶ アニマシオンは、本を自力で読み通すために必要なスキルを、本を使ったゲーム的な活動を通して育てる指導方法である。

❷ この「合戦」は物語の細かい描写にも注意を払って読書ができるようになることをねらいとしている。

❸ クイズの答えがわからないときには本を手に取って開きたくなるが、クイズ大会の最中には我慢。物語で重要な役割を果たしているものをクイズに選んでいたら、価値づけたい。

❹ クイズを作るだけではなく、正解を言えることも楽しい体験である。グループ対抗戦の仕方を個人戦にすることもできる。学級の実態に応じて全員が答えたり質問したりできるようにさせたい。

参考図書『読書へのアニマシオン─75 の作戦』マリア・モンセラット・サルト著、宇野和美訳、カルメン・オンドサバル、新田英了監修、柏書房、2001 年

アニマシオン⑧「これが私のつけた書名」

教材 『ムーミンのたからもの』トーベ・ヤンソン（講談社）

[準備物] 共通読書をする本

○ 読んだ作品に別の題名を考える活動

活動を通して付けたい力

●作品の主題を読み取る

・作品の主題や意図を意識して読む力

・読み取ったことを適切な言葉で表現する力とそれを友達に説明する力

・読んだ内容をじっくりと考察し、題名について考える力

どんなときに取り入れるか

●作者の意図を考えて読書に取り組ませたいとき

・作者の意図や作品世界をじっくり読み取らせたいとき。

●作品の題名の大切さに気づかせたいとき

・新たな題名をつけることで、自分の読み取った内容を深く考察するとともに、題名に込められた作者の意図に気づく。

この言語活動にふさわしい教材

①主題を友達と話し合いたくなる作品

②様々なメッセージを受け取ることができる作品

③特徴のある題名の作品

ふさわしい教材例

★「雪の夜明け」（光村・5年）

★『100万回生きたねこ』佐野洋子（講談社）

★「わすれられないおくりもの」（教出・3年）

★「海の命」（光村・東書・6年）

言語活動の手順例

STEP 1 読んだ本の題名について、内容をよく表している題名か、作者はどうしてこの題名にしたか、違った題名をつけることはできないかなどについて、ペアやグループで話し合う。

STEP 2 個人で、作品にふさわしい題名を考え、その題名をノートに書く。複数の題名を思いついたら全て書き出し、一番よいと思うものを決める。

例:「だいじなもの」「ムーミンはいつもだいじょうぶ」

一人ずつ自分の考えた題名を発表する。特に理由などは言わない。
教師は黒板に全ての題名を書いていく。

STEP 3 黒板を見て、どの題名がよいか投票する。得票数の多かった題名3、4個にしぼり、その題名のよさについて話し合う。題名を考えた児童は、どうしてその題名にしたかという理由を説明する。他の児童も自分が考えたこととの違いや賛同する理由など、意見があれば発表する。

STEP 4 決選投票をする。

🔑 指導のポイント

❶ アニマシオンは、本を自力で読み通すために必要なスキルを、本を使ったゲーム的な活動を通して育てる指導方法である。

❷ この「これが私のつけた書名」は、書名に注目し、作品を深く読めるようになることをねらいとしている。

❸ 平易な表現でも内容の深い絵本などを教材にすることもできる。

❹ 作品から児童が受け取ったことを、題名をつけるという活動で言語化している。一人一人が自分の題名をつけることと、それを発表し交流することが大切。その活動が、次に読書するとき、題名に込められた作者の意図を探る態度を引き出す。

参考図書『読書へのアニマシオン―75の作戦』マリア・モンセラット・サルト著、宇野和美訳、カルメン・オンドサバル、新田英子監修、柏書房、2001年

「読み聞かせ」タイム

教材 様々な本・絵本

[準備物] 場の設定を工夫する（机を後ろにする／円型になって座って聞く　など）。

○ 教師や保護者の「読み聞かせ」を聞くことで、読書の楽しさを知り、読書の意欲を高める活動

活動を通して付けたい力

本の楽しさを知り、児童自らが読書を楽しもうとする力

・読み聞かせを通して、語彙力や想像力、読解力を高める
・読書を通じて、疑似体験をすることで、感情を豊かにする

どんなときに取り入れるか

●学級の雰囲気を落ち着いた状態にしたいとき
●季節に応じたお話を聞き、季節の変化を楽しませたいとき
●新しい学習単元入るきっかけとして、同一の作者や同様のテーマの本を読み聞かせして学習意欲を高めたいとき
●学級作りの観点から、学校に来る楽しさを高めたり、学級の雰囲気作りを高めたりすることに役立てたいとき

この言語活動にふさわしい教材

①温かい気持ちになる作品　②落語などの会話で構成されている作品
③先が読みたくなる作品、同じシリーズを読みたくなる作品
④説明文などでは意外性のある動植物などの紹介が、たくさんの写真などで説明されている作品　⑤これからの学習活動などに関わる作品

ふさわしい教材例

★『エルマーのぼうけん』『あらしのよるに』→先が読みたくなる
★『ちっちゃなサリーは見ていたよ』→いじめ問題
★『葉っぱのフレディー』『100万回生きたねこ』→生き方
★『ゴリラが胸をたたくわけ』『ペンギンたちの夏』→動物

言語活動の手順例

STEP 1 朝の時間や国語・道徳の授業、給食の時間など実施時間を確保する。

STEP 2 物語や説明文などに誘うために、その本のテーマなどに関連のある話をする。

長編などの場合は、前回までの話の振り返りを簡単にする。

→例えば、『サンタクロースっているの』を読み聞かせする場合は、そのお話のきっかけを紹介したり、『あらしのよるに』を読み聞かせする場合は、オオカミという動物についてのイメージを児童たちから聞いたりする。

STEP 3 読むスピードやページのめくり方のスピードを変え、聞いている児童たちの表情を見ながら、読み進めていく。

長編の場合は、一冊全部を読むことに時間がかかりすぎる場合もある。場面を限定して、前の話をダイジェストで紹介するなどの工夫も考えられる。あるいは、何回かに分けて、「つづく」として回数にわけて読み聞かせする。

STEP 4 絵本などでは、物語のあとの挿絵や表紙の裏面なども余韻をもってみせること。

「おしまい」「つづく」などの言葉を添えて終わるとよい。

指導のポイント

❶聞く態度などを気にしすぎることなく、楽しい雰囲気をなくさないようにすることが重要である。ただ、聞いている友達の邪魔をしないというルールだけを確認する。

❷美しい挿絵などをしっかりと見せたかったり、説明文では適切な部分で写真を大きく見せたかったりする場合は、プロジェクターなどを利用して、効果的な読み聞かせをするとよい。パワーポイントなどのアプリケーションに画像を貼り付けて、見せ方を工夫したり、動画として記録して、見せたりすることもできる。

❸読み聞かせした作品や関連の作品、シリーズの作品などは、教室に展示しておくとよい。

「今日の詩」暗唱タイム

教材 春のうた（光村・教出・学図・４年）など様々な詩

[準備物] 暗唱させたい詩のプリント等

○ 詩の表現の工夫や効果を楽しみながら、詩の楽しみ方の幅を広げる活動
学級経営、学級文化作りを意識して継続した活動

活動を通して付けたい力

詩に親しむとともに、詩を音読する楽しさを感じる力

- 言葉の響きを楽しみ、言葉に対する感性と表現力
- 日本語の特質に関する言語感覚

どんなときに取り入れるか

●**声を出して詩を読むことや、詩を暗唱して読むことの楽しさを知ってほしいとき**

●**詩を音読、群読、朗読と活動の幅を広げていきたいとき**

●**学級の雰囲気を変えたいとき**

この言語活動にふさわしい教材

①リズム感があり、七五調や五七調、文語体などの詩
②暗唱しやすい長さの詩
③詩に明確な視点人物がいて、その人物の思いを伝えているような詩
④役割分担を決めた暗唱から個人の暗唱につなげやすい詩

ふさわしい教材例

★「ふきのとう」(光村・３年)
★「わたしと小鳥とすずと」(光村・３年)
★『子どもといっしょに読みたい詩』水内喜久雄編著(PHP エディターズ・グループ)

言語活動の手順例

STEP 1 「春のうた」を様々な方法で音読して、詩の意味やイメージを考え、詩を音読する楽しさを知る。

STEP 2 詩から想像できるイメージを感じながら、カエルになりきって動作化しながら音読する。

連ごとに分けて、みんなで読んだり、グループで読んだりすることに挑戦する。

一人ずつの朗読にチャレンジしたり、暗唱に挑戦し、暗唱に自信をもつ。

STEP 3 春の詩をたくさん集めて紹介し、お気に入りの詩を選び、詩の暗唱に挑戦する。

単に覚えるだけでなく、聞き手を意識した暗唱をする。

STEP 4 「一年間に暗唱できる詩を増やしていこう」をめあてにして、年間を通して「詩の暗唱発表タイム」を設定し暗唱する。

STEP 5 一年の最後に最も気に入った詩を、暗唱で発表する場面を設ける。

相手意識は「保護者」「隣の学級の児童」「地域の方々」など、様々な対象を設定できる。選んだ詩の特徴を考えて、相手を決めることもできる。

11

毎

日

［読む］

🔑 指導のポイント

❶ 暗唱は、緊張感を強いられる活動である。はじめは、児童が自然と暗唱できてしまうように、クラス全体による斉読を大切にし、次第にグループやに、役割を決めて音読を行いながら、段階的に暗唱に誘いたい。そして、少しずつ、視線や表現といった部分に注意してできるようにする。

❷ 百人一首や漢詩など、児童の発達段階に合わせた暗唱を取り入れてもよい。

「今日の俳句」「今日の短歌」暗唱タイム

教材 短歌・俳句に親しもう（光村・4年）

[準備物] 掲示用紙、俳句・歳時記・短歌などを紹介する図書資料

○ 俳句や短歌を声に出して読み、そらんじて、言葉の調子や響きを楽しむ活動

活動を通して付けたい力

短歌・俳句を音読しリズムよく暗唱することを通して言語文化に親しむ力

・短歌・俳句の言葉の響きやリズムに親しもうとする力
・描き出す情景や心情を思い浮かべながら音読し、イメージをとらえる力
・気に入った作品を選び、感想をもち、伝えることができる力

どんなときに取り入れるか

●**短歌や俳句のもつ音の響きに触れて味わう経験を積ませたいとき**

音読し、暗唱する活動を毎日継続することを通じて、音の強弱・長短・高低などによって作り出される言葉のリズムを味わわせたいとき。

●**短歌や俳句について自分なりの感想をもたせたいとき**

音読を通じて情景や心情を想像し、作品の雰囲気を感じ取り、学級全体で感想を交流させたいとき。

この言語活動にふさわしい教材

①小学生にも理解しやすく興味がもてるような作品
②言葉のリズムや調子を感じ取りやすい定型律の作品
③季節を感じさせるような作品
④地域の特色が伝わってくるような作品

ふさわしい教材例

★「俳句を楽しもう」（光村・3年）　★「俳句」（学図・3年）

★「短歌の世界」（教出・4年）　★「日本の短歌」（東書・4年）

言語活動の手順例

STEP1 「今日の俳句」「今日の短歌」暗唱タイムについて理解する。

毎日、5分程度の時間を使い俳句か短歌の一作品をみんなで音読し、暗唱することを確認する。

取り上げる作品は、グループごとに交代で選ぶ。

STEP2 一定の期間、同じテーマの作品に取り組む。

グループの数に応じた期間を単位に、決まったテーマの作品を扱う。

例①春を感じさせる作品。

例②ある場所につながりのある作品。

例③虫を題材にした作品。

例④女性が作者の作品。

STEP3 みんなで暗唱したい作品をグループで話し合い、準備する。

作品についての感想や選んだ理由などを話し合う。

語句についてある程度、解説できるよう事前に調べておく。

作品をあらかじめ掲示用紙に書いて準備する。

STEP4 「今日の俳句」「今日の短歌」暗唱タイムを行う。

1. 担当グループの児童たちが作品を掲示し、読み方を確かめながら2回音読する。
2. 全員がリズムや響きを意識しながら数回、声に出して読む。
3. 担当の児童が作品の解説、感想、選んだ理由などを発表する。
4. 全員が情景や心情を意識して何度も音読し、暗唱を目指す。
5. 掲示物を隠して暗唱できるか確認する。
6. グループ以外の児童が感想を発表する。

指導のポイント

❶俳句・短歌の特徴を知り、言葉のリズムや響きを感じ取ったり、情景をイメージしたりする学習を、多少なりとも事前に経験させておく。

❷作品によっては、子どもの理解を超えた語句が含まれていたり、句切れの位置やアクセントで戸惑ったりする場合がある。必要に応じてその都度、助言する。四拍子のリズムに合わせて七五調を音読することがポイント。

「ことばクイズ」タイム

教材 言葉の宝箱（光村・2年〜6年）

[準備物] 国語辞典、百科事典など、画用紙

> 朝の会や帰りの会、授業の最初の帯活動など数分間を使い、輪番で係が言葉に関わるクイズを出題し、みんなが考えて答える活動

活動を通して付けたい力

「ことばクイズ」をして語彙を増やし使いこなすことで、言語文化に親しむ力

- ・学習や日常生活の中で必要となる多様な語句を使いこなせる力
- ・語句のまとまりや関係、構成や変化について理解する力
- ・言葉について、辞書や事典、図書、情報機器などを活用し調べる力

どんなときに取り入れるか

●学年に応じて言葉に対する興味・関心を引き出したいとき

児童相互のやりとりを通して、学習や生活に関わる多様な語句にふれ、興味・関心を高め、適切に使うことができるようにしたいとき。

●互いを認め合い、学び合う共感的な学級作りを目指すとき

一人一人の活躍の場を作り、自分らしさを表現していくことを通して、楽しさや成就感を味わわせ、共感的な人間関係を生みだしたいとき。

この言語活動にふさわしい教材

①考えや心情を表わす語句を抽出しやすい作品
②類義語、対義語、連想語などを想起できる語句を含む作品
③組み立て方、由来などに関心を向けやすい語句を含む作品
④経験想起、動作化、イメージ化できる語句を掲載する作品

ふさわしい教材例

★「言葉の木」（教出・各学年）
★「言葉の広場」（東書・各学年）
★「言葉の部屋」（学図・各学年）

言語活動の手順例

STEP1 「ことばクイズ」タイムの方法やクイズの作り方について理解する。

言葉に関するクイズを一日一問、係が出題し、教室の仲間が答える。

STEP2 一定の期間、同じテーマで進める。

言葉集め、仲間集め、連想語集め、言い換え、語義と用例、短文づくり、同義語・対義語、同音異義語、上位語・下位語、語句の構成・複合語、語句の由来、語感、接続語、指示語、擬態語、ジェスチャー、間違い探し、なぞなぞ、アナグラム（並べ替え）、あるなしクイズなど。

例①「気」を使った言葉集め。

例②「ぬるぬる」の似た意味の言葉集めと使い分け。

例③「ほがらか」の意味と使い方。

例④「相手を引きつけるように工夫された短い言葉」を何という？

例⑤「明るい」の反対の意味の言葉。

例⑥「けっして」を含む短文づくり。

例⑦「自動車こう場」の「こう」の正しい漢字。

例⑧「つうじぶうとんじょ」の並べ替え。→「登場人物」。

STEP3 係の児童が問題を作成し、解答例を考えて、出題する。

巻末付録をはじめ教科書の教材を参考にすると作りやすい。

学年に応じて、国語辞典、漢字辞典、百科事典、児童書、情報機器などを利用して解答例を調べる。

画用紙に問題を書いて出題すると（解答例も）、視覚面から共有でき、スムーズに進行できる。終了後は教室に掲示する。

指導のポイント

❶事前に出題者から内容を聞き取り、教材研究をしておき、出題者に対して的確に個別指導できるようにしておく。

❷出題者の取り組みの姿勢を見逃さず、積極的に評価や励ましを行う。

❸クイズで取り上げた言葉が、後日の授業で、話すことや文章の中で使われたときには、再確認する。

「ことばゲーム」タイム

教材 「ことばゲーム」を紹介した本

[準備物] ホワイトボード、ホワイトボード用マーカーなど

○ 毎日の朝や帰りの会などで、一つの言葉から様々な言葉を連想させる活動

活動を通して付けたい力

使える語句を増やし、身近なことについて様々な語句で表す力

- ・日常生活や学校生活を様々な語句で表す力
- ・自分のことや周りの人のことを様々な言葉で表す力

どんなときに取り入れるか

●作文やスピーチで使う語彙を増やしたいとき

物の名前や、物の様子などを表す様々な語句を使わせたいとき。

見たことや、やったことを詳しく書いたり話したりさせたいとき。

●一つのことを様々な言葉で表すことができることを理解させたいとき

擬音語や擬態語を用いることで、日常生活や学校生活、自分の周りの人のことを具体的に表現できることを理解させたいとき。

この言語活動にふさわしい場面

①自分の日常生活で起こった出来事を書く単元の前に

②楽しかったことやうれしかったことをスピーチする単元の前に

③擬音語や擬態語が多用されている詩を扱った単元の後に

📖 **ふさわしい教材例**

★「えにっきをかこう」(東書・学図・1年)

★「はなしたいなききたいな」(東書・1年)

★「いろんなおとのあめ」(東書・2年)

言語活動の手順例

STEP 1 今回の「ことばゲーム」のテーマを決める。

「野菜」「果物」「動物」などをテーマとして設定する。

STEP 2 テーマに合った言葉(単語)をホワイトボードにたくさん書く。

「野菜」がテーマの場合、「にんじん、じゃがいも、たまねぎ、きゅうり、トマト、ピーマン」など、制限時間内にできるだけたくさん書く。

STEP 3 制限時間内に一番多く書いた人が、次のテーマを設定する。

自分のホワイトボードに書いたものの中から次のテーマを選ぶ。例えば、初めのテーマである「野菜」で書いたものの中から「たまねぎ」を次のテーマとする。

STEP 4 二つ目のテーマに合った語句をホワイトボードにたくさん書く。

「たまねぎ」がテーマの場合、「丸い、茶色、からい、涙、シャキシャキ、焼き肉」など、制限時間内にできるだけたくさん書く。

※設定するテーマは「カタカナ言葉」「3文字の野菜」「一番はじめに『あ』がつく言葉」など条件を加えて設定していくことも可能である。

※ホワイトボード以外にも、パソコンやタブレット端末などで意見を共有できるアプリを活用して、ゲームに取り組むことも可能である。

指導のポイント

❶低学年で行う場合は、物の名前などをテーマとして、全員が楽しくたくさんの言葉を書くことができるようにする。

❷二つ目のテーマを決めさせる際は、できるだけ発想が膨らむものを選ぶよう助言する。

❸児童から出てきた語句の中から、全体で共有させたいものを見つけ、知らせる。

「漢字ゲーム」タイム

教材 漢字の成り立ち（東書・5年）

[準備物] ノート、漢字辞典、白の八つ切り画用紙

○ キーワードやイラストなどをもとに漢字に関するゲームをする活動

活動を通して付けたい力

漢字が、へんやつくりなどから構成されていることをとらえる力

- ・漢字の組み立てをとらえる力
- ・漢字の部首や部分には意味があることをとらえる力

どんなときに取り入れるか

●漢字学習の導入や習熟として

漢字学習の導入として、漢字のつくりに着目させることで、理解を促したいとき。また、習熟として、学習した漢字の構成に着目させることで定着を促したいとき。

●漢字活用の幅を広げたいとき

部首や部分に着目させることで、意味と用途をつなげさせたいとき。

この言語活動にふさわしい教材

①新出漢字の学習
②「漢字の由来」など、文字に着目させる学習

📖 ふさわしい教材例

★「同じ読み方の漢字」（東書・4年）
★「漢字の成り立ち」（光村・教出・学図・5年）

㊀㊁㊂㊃㊄㊅㊆ 言語活動の手順例

STEP1 「漢字ゲームタイム」について知る。

　　　漢字の学習に併せて「漢字ゲーム」に取り組んでいくことを知る。

STEP2 「漢字ゲーム」のやり方を知って、継続的に取り組む。

　　　例①「漢字なぞなぞ」

　　　「漢字なぞなぞ」のやり方

　　　❶まず、お題の漢字を決める。❷その漢字にまつわる「なぞなぞ」を
　　　考える。❸を画用紙の表に「なぞなぞ」を黒ペンで書く。裏側に「漢
　　　字」を大きく書く。（建物に人が百人も泊まれるところは→「宿」）

　　　例②「漢字しりとり」

　　　　　（生物→物語→語句→句会　※熟語をつなぐ）

　　　4人グループで、順番につないでいくとよい。

　　　例③「漢字ネットワーク」

　　　　　（板→坂→場→湯　※部首やつくりをつなぐ）

　　　白の八つ切り画用紙に、順番にペンで漢字を書いていく。

　　　例④「絵を見て当てよう」

　　　イラストをもとに、何の漢字を表しているのかクイズ形式で考える。

STEP3 漢字学習に併せて定期的に取り組む。

　　　漢字学習の導入や習熟として実際に取り組む。授業時間だけでな
　　　く、朝の時間やモジュールなどを活用して、継続的に取り組むとよ
　　　い。

✐ 指導のポイント

❶ゲームをすることを通して「漢字について興味・関心をもつ」態度を育み、
　漢字を楽しむことを大事にしたい。

❷苦手な児童も意欲をもって取り組むことができるよう、レベル別や進度別
　など、漢字ゲームのバリエーションを増やしておく。

「百人一首」タイム

教材 百人一首の世界（東書・4年）

[準備物] 短歌紹介プリント、「小倉百人一首」かるた（複数組み）

○ 繰り返し音読して言葉の響きやリズムを感じ取ったり、かるた遊びをしたりしながら百人一首に親しむ活動

活動を通して付けたい力

言葉の響きやリズムを楽しみ、百人一首や我が国の言語文化に親しむ力

・言葉の響きやリズムを楽しみながら音読する力
・よまれている季節、自然、人生、人を思う心などを思い浮かべる力
・気に入った歌や得意な札を見つけ、百人一首の世界を楽しめる力

どんなときに取り入れるか

● **かるた遊びを通して、百人一首に親しみをもたせたいとき**
言葉の響きを感じ取り、リズムよく音読できるようにして、百人一首を楽しめるようにしたいとき。

● **昔の人のものの見方や感じ方について、考えさせたいとき**
うたわれている季節や風景、時間等を手がかりに、歌人の心情や作品の雰囲気を感じ取らせたいとき。

この言語活動にふさわしい教材

①「好きな一首」を児童が選択する可能性がある作品
②言葉に着目することで描かれた風景が想像できる作品
③季節や時間を感じさせる作品
④よんだ人の気持ちが伝わってくる作品

ふさわしい教材例

★「『百人一首』を読もう」（教出・4年）
★「百人一首に親しもう」（光図・4年）
★「短歌」（学図・4年）

言語活動の手順例

STEP1 「百人一首」について知り、「百人一首」タイムについて理解する。

毎日、一首ずつ声に出して読み、味わう。十首取り上げたところで、かるた遊びをする。これを繰り返し、「百人一首」を目指す。

STEP2 毎日、一首ずつ繰り返し声に出して読み、味わう。

「短歌、作者名、口訳」を五首分掲載したプリントを使い、5日かけて一首ずつ鑑賞と音読に取り組み、自分の好きな歌を一つ選ぶ。

⇒さらに新しい歌を毎日一首ずつ教師が紹介し鑑賞と音読を続ける。

その日紹介された歌と自分の好きな歌の似ているところを発表する。

⇒新しい歌五首に取り組んだところで五首分のプリントを配布する。

STEP3 それまでの十首をもとにかるた遊びを楽しむ。

かるたには、読み札（絵札）と取り札（字札）があることを知る。

短歌には上の句と下の句があることを知り、学んだ十首を上の句、下の句に分けてみる。取り札は下の句しか書かれていないことを知る。

グループに分かれ「散らし取り」の方法で「十人一首」に取り組む。

手順❶十枚の取り札をばらばらに並べる。

手順❷読み手を一人決める。参加者は札のまわりを囲んで座る。

手順❸読み手は読み札に書かれた歌を読み上げる。

手順❹読み上げられた短歌の取り札を探して取る。

手順❺いちばんたくさんの枚数を取った人が勝ち。

STEP4 かるたの数を増やしていき「百人一首」を目指す。

これまで同様の活動を繰り返し、二十首になったところで「二十人一首」とかるたの数をしだいに増やしていき、「百人一首」を目指す。

🔍 指導のポイント

❶提出順は、歌番号によらず、実態を考慮して教師が選択するとよい。

❷短歌を紹介するプリントには漢字や旧仮名遣いに読みがなを振る。

❸鑑賞は、作品の意味を追求することよりも、言葉のリズムや響きから受ける楽しさや不思議さを感じ取り、季節、時間、風景など言葉からイメージを想像するところに重点を置く。

「音読」タイム

教材 こえに出してよもう（光村・1年）、『のはらうた』などの文章・詩

[準備物] 教科書教材や音読に相応しい文章・詩などを集める

○ 文字や文章を音声化することで、適切な発音・発声を身につけ、語感やリズムなどを生かした音読や朗読の力を育む活動

活動を通して付けたい力

日本語を適切に音声化する力を伸ばし、内容を伝えられる表現力

- 舌や口を正確に動かして、文字や文章を適切に音声化できる力
- アクセントやイントネーション、オノマトペ等を使いこなす力
- 詩や文章の内容や様子、心情が伝わるように音読する力

どんなときに取り入れるか

● **入門期から低学年では、文字や文章に親しみ音読を楽しませたいとき**

音読はどの子にも取り組みやすく、参加しやすい学習になる。読むほどに文章に慣れ、上達が確認できる楽しく有意義な言語学習にする。

● **表現の知識を身につけ、内容や心情が伝えられる力を伸ばしたいとき**

中・高学年では、理解した文章の内容・心情・状況が伝わるように音読や朗読を工夫し、表現活動として力を伸ばすようにする。

この言語活動にふさわしい教材

①文字の導入段階では、短い詩や文を選びリズムのある楽しい作品
②五七調や七五調などの詩や短歌、フレーズが繰り返されている作品
③物語の中に会話や優れた心理描写や情景描写が描かれている作品
④日本の古い言葉遣いや表現方法にふれることのできる古典的作品

ふさわしい教材例

★教科書教材の「詩・物語・短歌や俳句・古典」指導時に音読
★工藤直子『のはらうた』『あいたくて』『てれるぜ』
★谷川俊太郎『わらべうた』『ことばあそびうた』『みみをすます』

言語活動の手順例

STEP1 音読することの大切さと意味を理解する。

- ・文章の文字を正確・適切に音読できるようにすることを知る。
- ・音読では、口形・舌の動き・発声発音・呼吸を大切にする。
- ・言葉の意味と感情を正しく伝えるためには、アクセント・イントネーション・声の強弱・読む速さの変化をつけて表現する。
- ・詩・俳句・短歌の作品の五七調や七五調に気をつけて音読する。

STEP2 教科書教材の授業時間の中で音読タイムを設定する。

- ・どの教材でも、単元導入時・毎時間の始めと終わり・単元のまとめをするときに音読を生かす。
- ・登場人物の心情や情景が表す意味や気持ちを音読して確かめる。
- ・単元の学習の終わりには、どの子も淀みなく音読できるようにする。
- ・詩や短歌など学習したときは、暗唱できるようになるまで練習する。
- ・単元の学習のまとめとして、音読大会や発表会をすることもできる。

STEP3 朝や帰りの会を活用して、継続的に音読タイムを設定し実施する。

- ・子どもたちが音読したいと思う詩を集めて紹介し、順次取り組む。
- ・一つの詩を週や月単位で、朝や帰りの会で音読する。
- ・児童が思わず口ずさみたくなる楽しくリズムのある詩を選ぶ。
- ・高学年では、有名な詩人のわかりやすい詩を選ぶこともできる。
- ・人の生き方や喜び・苦悩を表す詩にもふれる機会もとる。

🔍 指導のポイント

❶児童が、進んで音読を楽しむ意欲や姿勢を大切に育む。

❷日本語の豊かさや繊細さが、自然とともに営まれてきた生活と関わっていることが理解できるよう指導する。

❸音読することで、意味や感情が理解でき、伝わることに気づく。

❹言葉を声に出す気持ちのよさや楽しさを実感できるように取り組む。

❺日本語の言葉の多様性や歴史、伝統的な文化が感じられるようにする。

「群読」タイム

教材 詩の楽しみ方を見つけよう（光村・2年〜）

[準備物] 作品を印刷した書き込みができるプリント

○ 毎日、一定の時間（数分間程度）を使ってグループ単位で群読の練習と発表を数日間から数週間かけて継続していく活動

活動を通して付けたい力

言葉の響きやリズムを楽しみ、友達と協力して声に出して読む力

- 言葉のもつ意味をとらえ、自信をもって声に出して表現する力
- 声の大きさや抑揚、速さや間の取り方などを意識して使い分ける力
- 作品についての考えや感想を、友達と互いに共有できる力

どんなときに取り入れるか

● **言葉の響きやリズムの快さを、声に出すことで実感させたいとき**

叙述をもとに作品の情景や人物の心情をとらえ、言葉の響きやリズムを体感し、楽しんで音声表現をさせたいとき。

● **友達と協力しながら、作品の世界をともにイメージさせたいとき**

自分の読みの工夫を明らかにしたり、友達の読みや根拠を聞いたりして互いのよさを認め合い、声に出して表現する楽しさを味わわせたいとき。

この言語活動にふさわしい教材

①声に出す楽しさや言葉の面白さを味わうことができる作品

②リズム感があり、しっかりイメージを作ることができる作品

③情景の描写、人物の動きや心情が音声表現しやすい民話の作品

④互いに声をかけ合うことを通して一体感が生まれやすい作品

📖 **ふさわしい教材例**

★「春のうた」（光村・教出・学図・4年）

★「かさこじぞう」（東書・教出・学図・2年）

★「いま始まる新しいいま」（東書・6年）

言語活動の手順例

STEP 1 「群読タイム」について理解し、グループ分けし、作品を確認する。

生活班の座席などを活用して、学級をいくつかのグループに分ける。取り上げる作品は、教師が学年や学級の実態、学習時期等を考慮して選定し提案する。全グループとも共通する作品から始めてみる。数分の時間内におさまる詩が適切である。散文の場合は、一定の範囲の場面を区切って選ぶようにする。

STEP 2 繰り返し音読し、取り組む作品の世界をイメージできるようにする。

数日間かけて、作品を暗唱するまで、繰り返し音読し、題名や本文から気がついたことをグループ内でしっかり話し合う。

STEP 3 作品のイメージに沿って役割分担する。

作品のイメージをもとに読みの分担を相談し、決める。作品の内容と文体を丁寧に見極め、一人で読む部分、複数で読む部分などを確認したり、散文では会話文や地の文の配役を決めたりする。

STEP 4 読みの工夫を話し合い、練習を繰り返す。

作品のイメージをもとに、リズム、声の大小、強弱、速さ、抑揚、間の取り方等の工夫を話し合い、数日間かけて、練習を繰り返す。

STEP 5 グループごとに発表し、交流する。

発表は、一日1グループごとに行う。

自分たちのグループが工夫した点を説明してから、発表に入る。

読み取ったことや考えたことが伝わるように工夫して群読する。

聞き手は、発表グループとの共通点や相違点を考え、感想を述べる。

指導のポイント

❶ **STEP 1** から **STEP 5** を繰り返し継続するが、グループ分け、作品の傾向、所用の期間などに変化をもたせ、活動が単調にならないように配慮する。発展として、学習発表会のような公開の場を設定することも考えられる。

❷学習経験を積むに従い、学年によってはグループごとに自主的に作品を選択する機会を設けてもよいだろう。

●参考図書『群読の授業-子どもたちと教室を活性化させる（授業への挑戦）』
高橋俊三、明治図書、1990 年

187

ペアで交流

教材 やまなし（光村・6年）

[準備物] 教科書、タブレット端末（iPad や Chromebook。ノートでも可能）

○ 場面を比べながら、題名に込められた意味についてペアで話し合うことを通して、作品の世界をとらえる活動

活動を通して付けたい力

物語を分析して、世界観をとらえることを楽しむ力

- ・比喩や反復、色の対比などの表現の工夫に気づく力
- ・表現や構成、作者の思いなどに着目して作品世界をとらえる力
- ・読みや話し合いで理解したことに基づき、解釈文を書く力

どんなときに取り入れるか

●「わかった！」「楽しい！」と思える対話環境を作り上げたいとき

教室に挙手や発言をしない児童が増えてしまい、発言をしやすくする要因を増やしたいとき。

●作品世界をとらえるのが難しい物語を読み取らせたいとき

作者の内面や人生観に迫るような、あるいは児童なりの根拠とこだわりをもった解釈ができるような読書体験をさせたいとき。

この言語活動にふさわしい教材

①作者独特の表現の工夫や世界観が、難しい作品

②作者の信念や生き方がわかる伝記的資料が、用意できる作品

③わからないからこそ、自由に想像を広げられる作品

④作者の生命観や自然観を根拠にして、表現の意味を類推できる作品

📖 ふさわしい教材例

★「やまなし」（光村・6年）

★「イーハトーヴの夢」（光村・6年）

★「注文の多い料理店」（東書・学図・5年）

言語活動の手順例

STEP 1 「イーハトーヴの夢」を読み、宮沢賢治の生き方や人柄をとらえる。
根拠にした叙述と、そのように考えた理由を紹介し合う。
例「苦しい農作業の中に楽しさを見つける。」→頑張り屋・理想を
もっている人・自然が好きな人・人のために行動できる人

STEP 2 「やまなし」という題名にした理由を、まずは一人で考える。
例①「やまなしは、山からの贈り物だから。」
例②「やまなしは、かににとってうれしい存在だから。」
例③「かわせみは恐怖だが、やまなしは自然の恵みだから。」
例④「やまなしは、かににとって希望や夢だから。」
例⑤「作者にとってやまなしは何か大事な存在だから。」
例⑥「お酒になるやまなしは農作物が実ることを表しているから。」
ペアで対話し、考えを交流させる。

STEP 3 ペア同士の対話に耳を傾けながら、児童の聞く姿勢を見取る。
ペアで対話して感じたことを全体で発表し合う。

STEP 4 教師主導にせず、児童の一つ一つの発言を丁寧に認め、様々な
意見を出しやすい雰囲気を作るように心がける。
題名に込められた意味を考える。

STEP 5 ロイロノートのカードや教育用 SNS の課題提出機能で提出させる。

STEP 6 「やまなし」と「イーハトーヴの夢」から読み取ったことを「やまなし」
の解釈文として文章にまとめる。その子どもなりの根拠と理由を明
確に書くことができていれば、どのように解釈したかは自由だと伝
え、生き生きと書かせたい。

🔑 指導のポイント

❶ 話し合いや意見交流がしやすい児童をペアとして設定する。ペアの作り方
に関しては学級の実態に即して、様々な角度から考慮しておく。

❷ ペア対話や全体での意見交流の際に、以下のような児童の反応があると発
言をしやすくする要因となるので、日頃から授業中に価値づける。

・友達の意見に賛成したり、賛同したりする。

・間違えた友達に、優しい言葉かけをしたり、一緒に考えたりする。

えんぴつ対談

教 材 風切るつばさ（東書・6年）

［準備物］縦罫のワークシート（A4サイズ）

> ○ 二人組になって登場人物の役割を決め、登場人物の心情や出来事の意味について、「書くこと」で対談して、読みや考えを深め合う活動

活動を通して付けたい力

会話や態度、場面の状況から想像して読みを深める力

・対話的な話し合いによって、質問する力や応答する力
・話題を焦点化して疑問や問題を解決する力
・多様な感じ方や見方ができる力

どんなときに取り入れるか

●**登場人物の内面を探り、明らかにしたいとき**

教材文に登場人物の会話や説明が語られていないために、読み手に生じた疑問や不審な点を話題として設定して鉛筆対談をする。

●**個々の児童の読みの理解や心情を表出させたいとき**

二人組の対談だと感想や考えを出しやすくなり、また、書くことによって話し合いの内容が積み上げられ思考の流れが確認できる。

この言語活動にふさわしい教材

①登場人物の言葉や行動に深い意味や価値が込められている作品
②読み手に自然や社会をどう考え関わればよいか、問いかけている教材
③登場人物の多様な生き方について見方や考え方を広められる作品
④個々の児童が、多様な読みや感想を可能にする作品

📖 **ふさわしい教材例**

★「モチモチの木」（光村・東書・教出・学図・3年）
★「たずねびと」（光村・5年）　★「のらねこ」（教出・3年）

言語活動の手順例

STEP1 鉛筆対談のやり方について知る。

- ・友達と二人組を作る。
- ・ワークシートかタブレット端末を準備する。
- ・教材文を読んで、対談したい話題を選ぶ。
- ・話題に沿って、二人が交互に書いて質問したり答えたりする。

STEP2 教材文を読み、疑問点や分からないことを探す。

- ・個々に教材文を読み通し、感想や意見をもつ。
- ・対談したいと思う話題を選び出す。
- ・クルルとカララどちらの立場で対談するか役割を決める。

【話題例】○カララはなぜクルルの味方をしなかったのか。

　　　　　○カララはなぜ仲間たちと旅立たなかったのか。

　　　　　○クルルが跳べなくなったのはどうしてか。

STEP3 ノートやタブレット端末に交互に意見や感想を書き込む。

- ・二人の共通の話題から順次、鉛筆対談をする。
- ・クルルとカカラの立場にたって想像し質問や答えを書く。
- ・質問や答えを繰り返し、互いに共通理解できる答えを導く。

STEP4 ノートやタブレットの記録を読み返し、結論をまとめ発表する。

- ・文字で対談することのよさや意味について話し合う。
- ・クララとカララになって、友達の前で対談の内容を発表する。

指導のポイント

❶教材文の主題につながる対談の話題が立てられるように指導する。

❷対談によって、新しい意味や気づきにつながるようにする。

❸クルルとカララの互いの理解と和解がとらえるように助言する。

❹クルルとカララの気持ちや思いを明らかにできるように指導する。

❺文字を使って考えを交流した効果について振り返る。

パネル・ディスカッションで交流

教材 世界一美しいぼくの村（東書・4年）、パネルディスカッションをしよう（学図・6年）

[準備物] ノート、筆記用具

○ 作品のメッセージや作品に対する自分の意見などをもとにしてパネルディスカションを行う活動

活動を通して付けたい力

物語のテーマや各自の受け止めなどについて交流し合い、考えを広める力

- 互いの立場や意図を明確にしながら、計画的に話し合い、考えを広げたりまとめたりする力
- 文章を読んでまとめた意見や感想を共有し、自分の考えを広げる力

どんなときに取り入れるか

●パネル・ディスカッションを行う方法を学びたいとき

教材を材料にして具体的にパネル・ディスカッションを行う方法を学ぶ。

●話し合いによって作品のメッセージを受け止め、考えを広げたいとき

この言語活動にふさわしい教材

①いくつものテーマが重なり合っている作品
②登場人物が対立的に描かれている作品
③様々な角度から考えることのできる題材を取り上げている作品
④結末に大きな転換がある作品

ふさわしい教材例

★「地域の防災について話し合おう」（教出・6年）
★「インターネットの投稿を読み比べよう」（東書・6年）
★「海の命」（光村・東書・6年）

言語活動の手順例

STEP 1 パネル・ディスカションを行う方法を学ぶ。

教科書に書かれた活動の手順や具体例を読み、パネル・ディスカッションを行う方法を理解し、活動の様子をイメージする。

STEP 2 教材を読む。

物語を何度も読み、主人公の心情をとらえ、人物像や物語の全体像などを具体的に想像する。

STEP 3 パネル・ディスカッションのテーマを決める。

「『春はまだ先です』の語り手の言葉には、どのような思いがあるのだろうか」（世界一美しいぼくの村）、「太一は、なぜクエにもりを打たなかったのか。なぜ太一はモリを打たなかったことを生涯誰にも話さなかったのか」（海の命）などのテーマを決める。

STEP 4 立場の同じ人でグループを作る。

テーマについて自分の考えを決め、考えの似ている人同士でグループを作る。グループの中でパネリストを一人決める。

STEP 5 パネル・ディスカッションを行う。

司会者・パネリスト・フロアなどの役割を決め、パネル・ディスカッションを行う。

STEP 6 物語文を再度読み、考えをまとめる。

主題などについてパネルディスカッションを聞いて、考えたことをまとめる。パネル・ディスカッションを聞いて考えが広がったことを必ず入れて書くよう伝える。

指導のポイント

❶パネル・ディスカッションのやり方は、教科書の具体例を丁寧に読み、進め方のイメージをしっかりもつようにしたい。

❷物語文をしっかり読み取り、考えをもつようにする。

❸自分の考えとパネラーの考えを比べながら聞くように助言する。

ディベート

教材 ごんぎつね（光村・東書・教出・学図・4年）

[準備物] 児童のネームプレート、小黒板

○ 自分の価値観に基づき登場人物の行動を批評する活動

活動を通して付けたい力

自分の価値観を認識する力

・登場人物の行動を話の因果関係に沿って意味づける力
・登場人物の行動を自分の経験や他の作品の人物の行動と結びつける力
・自分の考えを根拠・理由・主張を使い分けて表現する力

どんなときに取り入れるか

●**文学作品のメッセージを自分なりに読み深めるとき**

登場人物の行動を、場面の移り変わりや他の登場人物との関係から意味づけて解釈する力をつける。

●**自分の考えを友達に伝える力をつけるとき**

文章のどの言葉や文を根拠にして、どんな理由から、どのような考えをもっているのかをわかりやすく伝える力をつける。

この言語活動にふさわしい教材

①生き方や社会性へのメッセージがある作品
②登場人物の行動にインパクトがある作品
③登場人物の行動が作品の因果関係から解釈しやすい作品
④他の登場人物との関係がとらえやすい作品

ふさわしい教材例

★「大造じいさんとガン」（光村・東書・教出・学図・5年）
★「モチモチの木」（光村・東書・教出・学図・3年）
★「町の幸福論─コミュニティデザインを考える」（東書・6年）
★「合図としるし」（学図・3年）

言語活動の手順例

STEP1 ディベートのテーマを決める。

「兵十は〈悪い〉か、〈悪くない〉か」

STEP2 児童に自分の考えと合う場所にネームプレートを貼るように指示する。

STEP3 自分の考えを友達に伝えて話し合う。

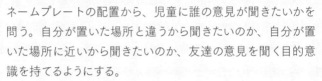

〈悪い〉 ← → 〈悪くない〉

・発言のさせ方（例）

　　例①Ｔ「だれの意見が聞きたい?」

　　　　ネームプレートの配置から、児童に誰の意見が聞きたいかを問う。自分が置いた場所と違うから聞きたいのか、自分が置いた場所に近いから聞きたいのか、友達の意見を聞く目的意識を持てるようにする。

　　例②Ｔ「その意見は、誰の考えに反対なの?」「その意見は誰の考えに近いの?」

　　　　発言した児童の意図や目的を顕在化する。近い考えの子同士の意見は「＝」で結び、対立する子同士の意見は「⇔」で結ぶようにして、話し合いの構造が児童に見えるようにする。

STEP4 自分が置いたネームプレートの場所を変えたい子に場所を変えるように促す。なぜ、変えたのか理由を聞く。

STEP5 最も説得力がある友達の意見はどれか挙手をして確認する。なぜ、その友達の意見に説得力があるか、その理由を共有する。

指導のポイント

❶ **STEP1** におけるテーマは、児童の感想や授業中の発言から取り上げるようにする。

❷ **STEP3** では、発言した子が、どの叙述を根拠に、どのような理由で、何と主張しているのかが児童にわかるように、根拠、理由、主張を区別して板書する。

❸ **STEP5** では、自分と立場が異なっていても説得力がある意見を選べるように、根拠、理由、主張の結びつきの強さを顕在化させる。

一行感想集

教材 **おにたのぼうし**（教出・3年）

[準備物] 名刺サイズの色カード3種（黄・空色・白色）、大きめの付箋紙でも可

> おにたの行動・気持ちについての感想は黄色、女の子についての感想は空色、その他の感想は白いカードに、1枚に一つの感想を書く活動

活動を通して付けたい力

登場人物の行動に伴う心の内を想像して、人間を理解する力

- ・登場人物の会話や行動に伴う心の内のつぶやきを想像する力
- ・おにたや女の子の言動から、二人の性格や人柄を読み取る力
- ・出来事の二人の受け止め方の違いから、解り合える意味を考える力

どんなときに取り入れるか

●**登場人物の会話や行動にある心を細かく想像する力をつけたいとき**

場面や出来事・段落ごとに短く感想を書くことで、読みが焦点化しやすく友達との感想の視点やとらえ方の違いを学び合うことができる。

●**短い感想を積み上げることで、作品をしっかり読み取らせたいとき**

全てのカードを見返して、自分の読み取りの確かさや感じ方・見方の特徴や変化を知ることができる。全体のまとめの感想を書く基にもなる。

この言語活動にふさわしい教材

①登場人物が、互いに知らない相手と交流が生まれる作品
②人の生き方や生活、成長や幸せを考えられる作品
③友達との交流や関係から生まれる友情・信頼・絆を考える作品
④人と自然との関わりの中で、自然観や人の営みを見直せる作品

ふさわしい教材例

★「ちいちゃんのかげおくり」（光図・3年）
★「ごんぎつね」（光村・東書・教出・学図・4年）
★「いつか、大切なところ」（教出・5年）　★「海の命」（光村・東書・6年）

言語活動の手順例

STEP1 学習の進め方を理解し、教材を読む意欲を高める。

- 一行感想用紙は、登場人物に合わせてカードを使い分けて書く。
  おにたは黄色、女の子は空色、その他の感想は白色のカード
- 1枚のカードには、一つの感想だけを書く。
- 色別に分けてノートに貼り付けていく。
- 学習の終わりにカードを読み返して、感想をまとめる。

STEP2 授業で本文を読み、登場人物の会話や行動について感想を書く。

【感想例】・おにたは豆まきの声を聞いておどろいただろう。
- 鬼だからって悪いと決めつけているのはよくない。
- 女の子はお母さんのことがとても心配だっただろう。
- 黄色のカードはノートの上半分に、空色のカード下半分に、いずれも横並びにして貼る。白色のカード別のページに貼る。

STEP3 感想を読み返してまとめたら、読み合って話し合う。

〈読みにおける「問い」の例〉
- おにたは、どうして女の子に姿を見せる気になったのだろう。
- 自分がこれまで思っていた「鬼」とおにたはどう違うのか。
- 女の子は、黒い豆から男の子が「おにた」だと気づいただろうか。

STEP4 自分の感想のよい点や足りない点に気をつけてまとめる。

- おにたと女の子の性格や人柄をまとめる。
- おにたが自分は鬼であることを打ち明けなかった理由を考える。
- 「おに」は本当に悪者なのか話し合う。
- 人はなぜ「おに」を考え出したのだろう。

🔑 指導のポイント

❶おにたの性格と行動に着目し、おにたの人柄を想像できるようにする。

❷一般的な見方をしていては、真実に気づきにくい。心を働かせて物事を柔軟に広く見つめることの大切さを理解できるようにする。

❸紙の色については、カラーユニバーサルデザインに配慮した組み合わせにする。

メディア・リテラシー

教 材 わたしたちとメディア（学図・5年）

[準備物] メディア・リテラシーに関する本、ワークシート

○ メディアとの関わり方について、文章を読み、筆者が述べていることをもとに自分の考えを形成し、座談会で友達と考えを伝え合う活動

活 動 を 通 し て 付 け た い 力

文章を読み、自分の考えを形成する力

- ・文章から必要な情報を見つけながら読む力
- ・文章を読んで理解したことと既有の知識を結びつけ考えを形成する力
- ・友達の考えを聞き、自分の考えを広げる力

ど ん な と き に 取 り 入 れ る か

●**課題解決のために、文章を活用するとよいことに気づかせたいとき**

「メディアとの関わり方を考える」という課題に対して、筆者の論をもとに考えることで、文章を活用して考えを形成するよさに気づかせる。

●**筆者の主張や事例をもとに考えを形成する力をつけさせたいとき**

筆者が挙げている事例や主張と自分の経験、既有の知識とを結びつけながら、考えを形成する力をつける。

こ の 言 語 活 動 に ふ さ わ し い 教 材

①メディアとの関わり方について筆者の主張が書かれている作品

②児童が自分事としてとらえられる事例が挙げられている作品

③複数の文章を取り上げて指導する場合は、筆者の考え方や、論の進め方に違いが見られる作品

ふさわしい教材例

★「想像力のスイッチを入れよう」（光村・5年）

★「メディアと人間社会」（光村・6年）

★『インターネット・コミュニケーション』（学図・5年）

言語活動の手順例

STEP1 座談会のテーマを決める。

　日常生活の中でのメディアとの関わりや、インターネットを使用した経験や問題点、社会の情報単元との関わりの中から「メディアとの関わり方」という視点で座談会のテーマを決める。

　例①進化するメディアからどのように情報を得るとよいか。

　例②メディアを使って上手に情報を発信するには?

　例③メディアが進化する中で、どのように他者と関わっていくか。

STEP2 教材文を読み、筆者が挙げている事例や論の進め方、主張についてまとめる。

　重要だと考える文やキーワードにサイドラインを引く。

STEP3 座談会のテーマについての自分の考えをまとめる。

　ワークシートにテーマに対する自分の考えをまとめる。筆者の主張や挙げている事例、自分の経験などを結びつけながら考えを形成していけるようなワークシートを用いる。

グループで決めたテーマ①

☆テーマに関わる筆者の考え

☆自分の経験・知識

☆自分の考え（大切にしたい事、取り組みたい事）

STEP4 座談会でグループの友達と意見の共有を図る。

　どの文章の、どの文や言葉をもとに考えたのか、教科書を指し示しながら語るようにする。

STEP5 座談会を通して考えたことをまとめる。

　自分の考えが広がったことについてまとめ、日常生活の中にメディア・リテラシー的なものの見方を応用できないか考える。

指導のポイント

❶どの文章の、どの文や言葉をもとに考えたのかわかるよう根拠となる箇所に付箋を貼ったり、サイドラインを引いたりするよう指導する。

❷複数の文や言葉を総合して考えをまとめられるようワークシートを使う。

❸日常生活の中でメディア・リテラシーの考えを取り入れる素地を作る。

オンライン朝の会

教材 前年度に学習した漢字や学習中の新出漢字

[準備物] オンライン会議ツールの投稿（チャット）機能、ホワイトボード機能

○ オンライン上でテーマを決めて会話を楽しんだり、協力してゲームをしたりする活動

活動を通して付けたい力

オンライン上で活動に進んで取り組んだり、友達と関わったりする力

- タブレットの操作に慣れ、活動の内容を理解して進んで取り組む力
- 直接相手が見えなくても、友達と積極的にコミュニケーションをとる力

どんなときに取り入れるか

●オンライン上であっても児童が安心して一日を始められるようにしたいとき

マイクとカメラを ON にして発言する。少人数に分かれるオンライン会議機能（「ブレークアウトルーム」など）を使って少人数で与えられたテーマについて会話をする。

●オンライン上で児童全員に活動に参加させたいとき

少人数オンライン会議室で、「絵しりとり」や「漢字リレー」、「漢字集め」、友達のヒントで絵を描く活動等に取り組む。

この言語活動にふさわしい内容

①グループで順番にリレーするもの
②グループで協力するもの
③一人一人に役割があるもの

📖 ふさわしい活動例

「絵しりとり」「漢字リレー」「漢字集め」
「少ないヒントでイラストを描こう」
「あるあるビンゴ」「間違えやすい漢字ビンゴ」など

言語活動の手順例

STEP 1 名前を呼ばれたら返事をする。

教師の呼名に対し、マイク（カメラ）をオンにして返事をする。

STEP 2 「ビンゴゲーム」を通して、一人一人がオンライン上で声を出す。

「夏休みあるある」や「間違えやすい漢字」などのテーマに対し、多くの人が答えるであろう事柄や漢字を予想してビンゴカードに書く。一人一人順番にオンライン上で答えていき、「ビンゴゲーム」を行う。

STEP 3 少人数オンライン会議室でホワイトボード機能を活用し、「漢字集め」をして楽しむ。

画面上で共同作業ができるホワイトボードを開き、グループのメンバーで協力して漢字を集める（「さんずいが付く漢字」等）。

STEP 4 少人数オンライン会議室でホワイトボード機能を活用し、「絵しりとり」や「漢字リレー」をして楽しむ。

ホワイトボードを開き、グループ内で順番に絵を描き、前の友達が描いた絵だけを手がかりにしてしりとりをする。

同様に、前の友達が書いた漢字の一部を使った漢字を考えて書く「漢字リレー」を行う（例、清→情→惜→借…）。

STEP 5 友達のヒントをもとに絵を描く活動を楽しむ。

少人数オンライン会議室で、絵を描く人（1人）、ヒントを出す人（2〜3人程度）を決める。順番に一つ一つヒントを出し、わかった段階でホワイトボードに絵を描く。

STEP 6 これまで行った活動から選んで取り組む。

指導のポイント

❶ **STEP 2** から **STEP 5** は取り組みやすい順に示している。タブレット端末の操作や、様々な機能を通して活動することに徐々に慣れさせたい。

❷ 少人数オンライン会議室でホワイトボード機能を活用する場合は、ホワイトボードのどこに誰が描くかあらかじめ決めさせるとよい。

❸ 少人数オンライン会議室のホワイトボードの画面をスクリーンショットさせる等してグループ活動の様子を報告させ、実態をとらえるようにする。

投稿機能で「連詩」

教材 ぼくは川（光村・4年）

[準備物] オンライン会議ツールの投稿（チャット）機能またはホワイトボード機能

○ オンライン会議ツールの「投稿（チャット）機能」を活用して、グループで連詩を創り、読み合う活動

活動を通して付けたい力

表現の効果に注目して詩を読み、感想や考えたことを共有する力

- 情景を想像したり、表現の効果を考えたりする力
- 詩を読んだ互いの感想や意見の違いに気づいたり、互いの感想や意見のよさを認め合ったりする力

どんなときに取り入れるか

●詩の世界を豊かに想像する力を養いたいとき

友達が書いた連の続きを考えるために、友達が書いた文や言葉に注目し、描かれている様子を豊かに想像する。

●詩を読んで考えたことを共有し考えを広げる力を養いたいとき

自分たちが創った詩を読み合った感想や、詩の題名を何にするかについて話し合うことを通して、互いの意見や感想の違いに気づく。

この言語活動にふさわしい教材

①自然（山、川等）や生物になりきって、その視点から描かれた作品

②クイズのように、あるものや生きものについてのヒントを出すように描かれている作品

③季節の情景が描かれている作品

ふさわしい教材例

★「ぼくは川」（光村・4年）

★「あした・たいこ／詩のくふうを楽しもう」（光村・3年）

★「紙風船・水のこころ」（東書・5年）

言語活動の手順例

STEP 1 連詩の創り方について知る。

教師が提示した一連目に続く、二連目を考えて書くことを通して、連詩の創り方を知る。連詩を創る人数、メンバー、時間、流れを知る。

人数：3～4人　　時間：2～3分ずつ

流れ：一連目を創る（2～3分）→二連目を創る…
　　　　→読み合い、題名を考えたり、よさを話し合ったりする。

STEP 2 モデルとなる詩を読み、詩の世界を想像する。

なりきり詩や自然の情景が描かれている詩の中から教師が提示した詩を読み、比喩や繰り返しの表現、リズムに注目したり、想像したことや感じたことを話し合ったりする。

STEP 3 グループで創る連詩の題材や順番を話し合って決める。

モデルとして提示された詩を参考にして、何になりきるか（どの季節の情景を描くか）や、創る順番をグループで話し合って決める。

STEP 4 順番に、担当する連を創る。

2～3分ずつ、順番がまわってきたら担当する連を創り、投稿機能やホワイトボード機能を使って友達に示す。

STEP 5 創った詩を読み合い、題名を考えたり、互いの連のよさ等について話し合ったりする。

完成した詩を読み合い、適切な題名を考える。それぞれが創った連のよさや、連同士のつながり、創った意図などについて話し合う。

🔍 指導のポイント

❶ 教師が提示した一連目に続く二連目を考えさせることで、前の連からイメージを膨らませたり、言葉をつないだりする連詩の創り方をつかみやすくなるようにする。

❷ グループで行う言語活動なので、少人数オンライン会議室や「ホワイトボード」など、少人数で意見交換ができる機能を活用するとよい。

❸ 完成後の話し合いの時間を確保し、互いの思いや工夫に目を向けさせる。

オンライン・グループワークで「感想交流」

教材 「卒業文集」を作ろう（東書・6年）

[準備物] タブレット端末、ロイロノート

○ 思い出の文章を書き、その文章の感想をロイロノートを使ってグループで交流する活動

活動を通して付けたい力

友達の文章を読んで感想や意見を交流し、自分の考えを広げる力

- ・表現や構成を工夫する力
- ・友達や自分の文章のよい点や改善点を見つけ、考えや表現を広げる力
- ・友達の感想をもとに自分の文章を見直し、修正する力

どんなときに取り入れるか

●文章のよい点や改善点を感想交流によって指摘し合いたいとき

自分だけではなかなか気づくことが難しい文章のよい点や改善点を友達に指摘してもらい、客観的に評価してもらうことができる。

●感想や考えを素早くグループで共有し、記録したいとき

ロイロノートで感想を書いたカードをみんなに送ることで即座にグループ全員に感想が行き渡り、それを各自で保存・記録できる。

この言語活動にふさわしい教材

①自分や友達が書いた文章
②自分や友達が創作した短歌・俳句・物語など
③色々な解釈ができる文学作品

📖 **ふさわしい教材例**

★「思い出を言葉に」(光村・6年)
★「『ショートショート』を書こう」(教出・4年)
★「山場のある物語を書こう」(東書・4年)

言語活動の手順例

STEP 1 「卒業文集」がどのような文章なのかを知り、見通しをもつ。
- 先輩の書いた「卒業文集」を読んでイメージをもつ。

STEP 2 「卒業文集」の原稿（「思い出の文章」）を作成する。
- 6年間の経験から、書くことを探し、構成メモを作り、表現を工夫して文章を書く。

STEP 3 ロイロノートを起動し、できあがった文章を写真に撮り、それを「生徒間通信」によってグループのメンバーに送る（グループは5〜6人程度）。

STEP 4 文章をもとに発表し合い、それぞれの発表に対して、よく書けているところ、工夫されたところ、こうした方がいいと思ったところに着目して感想をカードに書く。

STEP 5 感想を書いたカードは「生徒間通信」の機能を使って、グループ全員に送信する。

STEP 6 カードを参考にして、自分の文章をよりよいものに書き直し、文集にまとめる。
- 自分の文章に対するカードだけでなく、友達の文章に対するカードも参考にする。

🔍 指導のポイント

❶ グループワーク時には教師は机間指導を行い、次のような点をチェックする：①経験が詳しく書かれているか、②経験から感じたことや考えたことが書かれているか、③出来事や事柄の順序が読み手に伝わるか。

❷ **STEP 4** で、どのような文章がよいのかを理解させるため、適切な感想のカードをいくつかピックアップし、その内容を全体に伝えて共有する。

オンライン・グループワークで「ブックトーク」

教材 本をみんなにすすめよう（東書・4年）

[準備物] タブレット端末、本、本を紹介するときのシナリオ、資料

> ○ オンラインを活用し、特定のテーマを決めて複数の本を関連づけて紹介し合い、感想を交流する活動

活動を通して付けたい力

本同士のつながりを考えて本の魅力をわかりやすく伝え合う力

- 本を紹介する順番を考え、本の魅力をわかりやすく伝える力
- 見た目を工夫した資料を用いて、本の魅力をわかりやすく伝える力
- 発表に対して意見や感想をもったり、質問したりする力

どんなときに取り入れるか

●視覚的にも魅力を伝えられるブックトークにチャレンジしたいとき

オンライン会議ツールの画面共有を使うことで、対面時のブックトークよりも発表者が提示する本や資料を端末画面でくっきりと見ることができる。

●ブックトークの感想交流を活発にしたいとき

少人数のグループで実施することで、発表者と聞き手とのやり取りが親密になり、楽しく本の魅力を伝え合うことができる。

この言語活動にふさわしい教材

①子どもが好きで、みんなにその魅力を知らせたいと思っている本
②シリーズ本などつながりがわかりやすい本
③大きく魅力的な絵を使っている絵本
④文章と写真を使っている図鑑

ふさわしい教材例

★「事実にもとづいて書かれた本を読もう」（光村・4年）
★「関連する作品を読んで、すいせんしよう」（東書・6年）
★「友達といっしょに、本をしょうかいしよう」（東書・6年）

言語活動の手順例

STEP 1 オンラインでブックトークをする方法を知り、活動のイメージをもつ。
- Zoom や Google Meet 等のオンライン会議ツールのアカウントを作成し、操作方法を確認する。
- 教師がオンラインでブックトークの模範を見せる。

STEP 2 テーマを決め、そのテーマに沿った本を3冊ほど選ぶ。
- 紹介したい本からテーマを考えてもよい。
  テーマの例：動物・恐竜・宇宙・友情・ファンタジー・昔話など
- なかなか本が選べない子どもがいる場合は、学校図書館に移動して本を探す。

STEP 3 ブックトークの読み原稿（台本）と資料を作成する。
- シナリオは、本を紹介する順序や本と本とのつながりに注意する。
- トークしながらみんなに共有して見せる資料をプレゼンテーション用スライドで作成しておく。

STEP 4 各自でリハーサルを行う。
- トークの流れを確認するとともにプレゼンテーション用スライドや共有機能など、機器やソフトの操作をスムーズにできるようにしておく。

STEP 5 グループになって発表し合う（4人グループ。時間は1人5～8分程度）。

STEP 6 共有機能を十分に活用して、資料を提示したり、本の表紙を見せたり、本の中身を開いて見せたりして、視覚的にも本の魅力を伝える。ブックトークの感想を交流する。

指導のポイント

❶ **STEP 3** の資料は、見た目でも情報を魅力的に伝えられるようにする。

❷ **STEP 3** のシナリオは、問いかけを多くし、語りかける形で作成させる。

❸ **STEP 4**・**STEP 5** について、発表者の顔の表情や動作がよく見えるため、表情を豊かにし、ジェスチャーを入れて話すように指導する。

13
オ ンライン授業で ［読む］

チャットで意見交流

教材 私と本（光村・6年）

［準備物］オンライン会議ツールの投稿（チャット）機能

○ 単元のゴールイメージや見通しをつかむために、言語活動のモデルを分析して気づいたこと等をチャットで交流する活動

活動を通して付けたい力

学習のゴールを意識し、学習の見通しを立てる力

・言語活動のモデルを分析し、気づいたことを進んで伝える力

・学習のゴールを意識し、そのために必要な学習活動やその順番について考える力

どんなときに取り入れるか

●単元の導入のとき

提示した言語活動のモデルを見たり聞いたりして気づいたことや、適切だと思う学習の順番についてチャットに打ち込み交流する。

●児童が短文で答えやすい課題や話題について話し合わせたいとき

課題や話題に対する自分の考えを、短い時間、短い文でチャットに打ち込み交流する。

この言語活動にふさわしい教材

①読書単元で紹介されている作品

②ブックトークやリーフレットなどを通して、児童がその魅力や自分が感じたことを紹介しやすい作品

ふさわしい教材例

★「ランドセルは海をこえて／事実にもとづいて書かれた本を読もう」（光村・4年）

★「本をみんなにすすめよう」（東書・4年）

★「『読書発表会』をしよう」（教出・4年）

言語活動の手順例

STEP 1 教師が提示した言語活動のモデルに触れる。

教師のブックトークを見たり聞いたりして、ブックトークについて知る。

STEP 2 分析して気づいたことを、チャット機能を使って伝える。

ブックトークを見たり聞いたりして気づいたこと（モデルでは、どのような内容を紹介していたか、どのような工夫をしていたか等）を投稿欄に打ち込んで送信する。

STEP 3 学習のゴールに向かって必要な学習活動は何か、どのような順番で行うとよいか考え、意見を投稿する。

ブックトークをするために必要なこと（本を読み3冊選ぶ、それぞれの本の内容や感想を短くまとめる、紹介する順番を考える等）や順番について、意見を投稿する。

STEP 4 友達の投稿を読み、考えを広げる。

自分と友達の意見を比べたり結びつけたりして、必要な学習過活動やその順番についての考えを広げる。新たな意見を投稿する。

STEP 5 チャットで話し合ったことをもとに、クラス全体で話し合い、学習計画を立てる。

何を、どのような順序です?るとよいか

指導のポイント

❶児童が活動のイメージをもてるようはじめに教師がブックトークを行う。

❷**STEP 2** では、教師がモデル提示の際に工夫していたことをいきなり問うと児童は答えにくい。まずは教師がどのようなことを話していたか等、児童が答えやすい内容をチャット機能を使って伝えさせるとよい。

❸**STEP 5** では、チャットに書き込まれた意見の中で、よいと思った意見を直接伝え合い、クラス全体で一つの学習計画を立てるようにする。

オンラインで「初発の感想」発表会

教材 からたちの花（光村・5年）

[準備物] オンライン会議ツールの投稿（チャット）機能

○ 詩を初めて読んだ感想をオンライン上で共有し、気づきや考えを広げたり、学習の見通しをもったりする活動

活動を通して付けたい力

詩を読んだ感想を共有し、気づきや考えを広げる力

- ・比喩や反復などの表現の工夫に気づく力
- ・詩を読んだ感想を進んで伝える力
- ・友達の感想を読み、自分の気づきや考えを広げる力

どんなときに取り入れるか

●初発の感想を素早く共有させたいとき

詩を読んだ感想を投稿欄に打ち込む。友達が打ち込んだ感想を読み、新たな気づきを得たり、違う視点から詩を読み直したりする。

●児童の感想や気づき、考えをもとに学習の見通しを立てたいとき

児童の感想や気づきの傾向を、投稿欄を見て把握する。児童の気づきや感想の多い部分を整理し、今後の学習の見通しを立てる。

この言語活動にふさわしい教材

①教科書に掲載されている詩の作品
②様々な観点から児童の感想や気づきが出てくることが予想される作品
③児童の疑問が出やすい作品

ふさわしい教材例

★「スーホの白い馬」（光村・2年）
★「ごんぎつね」（光村・東書・教出・学図・4年）
★「伊能忠敬」（教出・6年）

言語活動の手順例

STEP 1 詩「からたちの花」を読み、感想をチャット機能を使って伝える。

気づいたことや、「いいな」と思った連や言葉等について、投稿欄に打ち込んで送信する。

STEP 2 友達の投稿を読み、気づきや考えを広げる。

共感した感想や意見には、マークやリアクションツール等で反応を示す。友達の疑問に答えたり、感想や意見に返事をしたりする。

STEP 3 詩「からたちの花」と、詩「白い白い木蓮が……」を比べて読み、感想や気づいたことをチャット機能を使って伝える。

二つの詩を比べて似ていることや異なることを挙げたり、どちらの詩の方が好みか、自分の感想を伝えたりする。

STEP 4 友達の投稿を読み、気づきや考えを広げる。

共感した感想や意見には、マークやリアクションツール等で反応を示す。友達の疑問に答えたり、感想や意見に返事をしたりする。

STEP 5 投稿欄の中で出された感想や気づき、疑問の共通点を確かめ、学習の見通しを立てる。

自分が投稿した内容(気づき、感想、疑問等)を発表したり、投稿欄を見て共感・納得した友達の投稿について紹介したりする。続けてどのような学習活動に取り組みたいか考え、学習の見通しを立てる。(・投稿欄をきっかけに、さらに話し合いたいことを決めて話し合う・好きな詩の魅力を紹介したりする等)

🔍 指導のポイント

❶児童が考えやすくなるように、感想の観点や例を示すとよい。(気づいたこと、「いいな」と思ったところ、疑問、自分も似た体験をしたことがあるなど)

❷友達の投稿に関して、文で返事をすることが難しい場合は、まずはマークやリアクションツール等を使って反応させる。その際、どのマークをどのような意味とするのか、学級で共通理解をしておく。

ロイロノートを活用して非連続テクストを読む

教材 『鳥獣戯画』を読む（光村・6年）

[準備物] タブレット端末、ロイロノート、プロジェクター、スクリーンまたは電子黒板

○ ロイロノートのカメラ機能とテキストカードを使い、絵や図と文章を結びつけて読む活動

活動を通して付けたい力

絵や図と文章を結びつけて読む力

- 文章で指し示しているのは絵のどの部分かをとらえる力
- 筆者の問いかけに反応して、想像力豊かに読む力

どんなときに取り入れるか

●文章と絵や図を正確に結びつけて読みたいとき

絵や図に沿って説明している文章で、その絵や図のどの部分を取り上げて説明しているのかを確認したいとき。

●読み取ったことや考えたことを共有したいとき

読み取ったことや考えたことをみんなで共有することによって、考えを広げたいとき。

この言語活動にふさわしい教材

①絵や図を用いた説明的文章
②図説、図鑑
③絵や挿絵から様々なことが想像できる絵本や文学作品

📖 **ふさわしい教材例**

★「町の幸福論——コミュニティデザインを考える」（東書・6年）
★「AIで言葉と向き合う」（学図・6年）
★「雪は新しいエネルギー」（教出・6年）

㊣語活動の手順例

STEP 1 文章に書かれたことが、絵や図のどの部分のことを指し示しているのかを確認する。

　　・「『鳥獣戯画』を読む」は『鳥獣戯画』の絵と文章を組み合わせた説明的文章である。この文章の中には「この三匹の応援蛙のポーズと表情もまた、実にすばらしい。それぞれが、どういう気分を表現しているのか、今度は君たちが考える番だ。」とある。この「三匹の応援蛙」が絵のどこにいるのかを確認する。

STEP 2 ロイロノートを起動し、カメラ機能を使って、該当する部分の絵の写真を撮り、写真カードにする。

STEP 3 撮った写真カードは「提出箱」に「提出」する。

　　教師は提出されたカードが正しい部分を撮っているか確認する。

STEP 4 写真カードにテキストカードを3枚重ね、3匹の応援蛙たちがそれぞれ「どういう気分」でいたのかを考えて書き込む。

STEP 5 書き込んだら、「写真カード」を「提出箱」に提出する。

STEP 6 書き込んだことをみんなの前で発表したり、「回答共有」によって、他の子どもが考えたことを見たりして、考えを広げる。

兎が投げ飛ばされておかしくてたまらない

たいしたものだ、すごい力だ、と驚いている。

よくやったぞと感動している。

🔍 指導のポイント

❶ STEP 4「どういう気分」でいたのかを想像させるときには、絵のどこから（蛙の表情やポーズがどうなっているか）想像できるのかを考えさせる。

❷ STEP 6 で「回答共有」の機能を使い、画面をスクリーンに映し出すことで、全員の色々な考えを一覧にして見られるようにする。発表は、妥当性の高いものからユニークなものまで幅広く取り上げる。

13
オ ンライン授業で ［読む］

デジタル教科書（教材）で読む❶　ズーム機能を使う

教材 くじらぐも（光村・1年）

[準備物] デジタル教科書（教材）、プロジェクター、スクリーンまたは電子黒板

○ デジタル教科書のズーム機能を使って、挿絵を想像を広げながら読む活動

活動を通して付けたい力

場面の様子に着目して、登場人物の行動を具体的に想像する力

- ・登場人物の行動をとらえる力
- ・登場人物の行動から気持ちを想像する力
- ・登場人物の気持ちを考え、それを表現する力

どんなときに取り入れるか

●**挿絵を使って登場人物の行動や心情を想像したいとき**

登場人物や風景の描かれた挿絵をデジタル教科書（教材）のズーム機能で拡大することで、想像力を働かせて人物の行動や心情を読むことができる。

●**文章だけでは場面の様子がわかりにくいとき**

文章だけでは場面の様子がわかりにくいときに、挿絵を拡大して焦点化することで、絵の様子と文章とを結びつけて確認することができる。

この言語活動にふさわしい教材

①大きく魅力的な挿絵がある作品
②人物の行動描写から気持ちが想像しやすい作品
③きめ細かな図や絵が掲載されている作品

📖 **ふさわしい教材例**

★「**たぬきの糸車**」（光村・1年）
★「**お手紙**」（教出・1年／光村・東書・学図・2年）
★「**スイミー**」（東書・教出・1年／光村・学図・2年）

言語活動の手順例

STEP1 1年2組のみんながくじらぐもにのった場面を音読する。

STEP2 くじらぐもの行動と1年2組のみんなの行動をとらえる。

「くじらぐもはなにをしましたか」という発問に答える。

「1年2組のみんなはどうしましたか」という発問に答える。

デジタル教科書（教材）を使って、くじらぐもの行動を青で、1年2組のみんなの行動を赤で、マーカーを引く。

STEP3 1年2組のみんながくもの上でどんなことをしているのか想像する。

デジタル教科書（教材）でくじらぐもに乗った子どもの様子を拡大して見せて「この子はなにをしていますか」という発問に答える。

続けて「どんなことをはなしていますか」という発問に答える。

STEP4 子どもの絵を一つ選び、ノートに子どもの絵と吹き出しを描き、会話を考えて発表する。

STEP5 1年2組のみんなが歌った歌を想像する。

→「くじらぐもにのったらいちばんうたいたいうたはなんですか」という発問について考えて、歌いたい歌を一つ決める。

STEP6 1年2組のみんながくじらぐもにのった場面を再度音読し、その後で、選んだ歌を一斉に歌う。

指導のポイント

❶ STEP4 時に、地上の風景もデジタル教科書（教材）のズーム機能を使って拡大して見せ、1年2組のみんながどのような景色を見ながら話していたのかをイメージを広げさせる。

❷ STEP5・STEP6 では「みんなはうたをうたいました」の箇所を登場人物に自分たちを重ねて楽しめるように元気に明るく歌えるようにする。

参考文献:『デジタル教科書・ICTを活用した授業をつくる』中川一史・青山由紀監修、光村図書出版、2020年2月

13
オ ンライン授業で ［読む］

デジタル教科書（教材）で読む❷ マイ黒板を使う

教材 世界にほこる和紙（光村・4年）

[準備物] デジタル教科書（教材）、プロジェクター、スクリーンまたは電子黒板

○ デジタル教科書（教材）の「マイ黒板」（光村図書）の機能を使って文章を要約する活動

活動を通して付けたい力

中心となる語や文を見つけて要約する力

- ・必要な情報を取り出す力
- ・情報と情報との関係を整理する力
- ・取り出し、整理した情報をまとめて表現する力

どんなときに取り入れるか

●はじめて要約の学習をするときに、その段取りを理解したいとき

光村図書のデジタル教科書（教材）の「マイ黒板」（自分用のノートのようなもの）では、教科書をなぞることで簡単に語や文章を抜き出すことができる。抜き出した語や文章を並び替えて整理することもできるため、要約の作業がしやすくなる。

この言語活動にふさわしい教材

①論旨が明快で、筆者の考えがはっきりと読み取れる説明的文章
②分量が多いが、まとめることで内容が理解できる文章

ふさわしい教材例

★「アップとルーズで伝える」（光村・4年）
★「言葉の意味が分かること」（光村・5年）
★「時計の時間と心の時間」（光村・6年）
★「動物たちが教えてくれる海の中のくらし」（東書・5年）

言語活動の手順例

STEP1 文章の全体を「初め」「中」「終わり」に分ける。

STEP2 「マイ黒板」を起動し、「初め」「中」「終わり」のまとまりごとに、中心となる語や文をなぞって、抜き出す。

STEP3 他の友達がどの語や文を抜き出しているかを確認する。

複数の児童を指名し、発表させる。

STEP4 デジタル教科書（教材）の「どうぐ」を使って、抜き出した語や文を重要度別にして数字の「スタンプ」をつける。

・重要度別に並び替えてもよい。

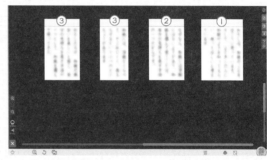

STEP5 抜き出した語や文をもとに200字以内で要約文を作成する。

字数を制限すると抜き出した全ての語や文を使うことはできなくなるため、重要度別に取り入れる語や文を考えさせる。

STEP6 要約文を発表し、共有する。

上手にできた要約を取り上げて、その要約文をスクリーンに映して、児童に発表させる。

🔍 指導のポイント

❶**STEP2**では、筆者の考えがまとまっている箇所や筆者の考えの理由が書かれた箇所に着目させる。

❷**STEP6**の発表では、その児童に、どのような工夫をして要約したのかを解説させる。

画像出典：「令和2年度版小学校国語　学習者用デジタル教科書＋デジタル教材」光村図書出版

デジタル教科書（教材）で読む❸ マーカー機能を使う

教材 まいごのかぎ（光村・3年）

[準備物] デジタル教科書（教材）、プロジェクター、スクリーンまたは電子黒板

○ デジタル教科書（教材）の「マーカー機能」（光村図書）を使って
登場人物の変化をとらえる活動

活動を通して付けたい力

登場人物の気持ちの変化を場面や情景描写と結びつけてとらえる力

・登場人物の気持ちが表れた表現を探しだし、とらえる力
・描写から心情を解釈する力
・登場人物の心情の変化を文章全体の流れの中でとらえる力

どんなときに取り入れるか

●**登場人物の気持ちの変化が表れた描写を視覚的に理解したいとき**

デジタル教科書（教材）の「マーカー機能」を使い、大切な箇所に線を引き、それらの関係を矢印でつなぐことで、変化の流れを一目で確認できる。

●**同じ文章をみんなで見て確認しながら読みを深めたいとき**

画面を共有することで、みんなで同じ文章を確認し、それをもとに交流を深めることができる。

この言語活動にふさわしい教材

①人物の心情や考え方が描写され、その変化がわかる作品
②教科書 20 頁に収まる程度の短編作品

📖 ふさわしい教材例

★「ごんぎつね」（光村・東書・教出・学図・4年）
★「プラタナスの木」（光村・4年）
★「モチモチの木」（光村・東書・教出・学図・3年）

言語活動の手順例

STEP1 場所と出来事に着目して、場面に分ける。

STEP2 それぞれの場面でどのような出来事があったのかを確認する。

STEP3 「りいこ」の考え方、気持ち、様子を読み取る。

　　　　→デジタル教科書の「マーカー機能」を使い、出来事に対する「りいこ」の考え方、気持ち、様子の描写にマーカーを引く。

STEP4 どこに線を引いたかペアになって確かめ合い、その後、全体の場で発表する。発表者は前に立って電子黒板にマーカーを引いてみせる。様子のマークを引いた場合は、その様子からどのような気持ちが推測できるかについて説明する。

STEP5 「りいこ」の気持ちや考えの変化を確認する。

　　　　→児童が引いたマーカーの線と線の間を矢印の「せん」を使い、人物の変化をつないでみせる。スクロールの機能を使い、流れを確認する。

STEP6 登場人物の変化に出来事はどのように関わっていたのかを考え、発表する。

指導のポイント

❶ **STEP3** でマーカーを引くときに、考え方→赤、気持ち→青、様子→緑と色分けしてマークさせるように指導する。

❷ **STEP6** で、「りいこ」の行動と出来事が相互に関係して人物の変化に影響を与えていることに気づかせる。

参考文献：『デジタル教科書・ICT を活用した授業をつくる』中川一史・青山由紀監修、光村図書出版、2020 年 2 月

巻末コラム

マップ法で読む

[準備物] マップのワークシート

○ 説得力のある意見を述べる活動

言語活動の活動手順

❶児童の感想や発言から、【課題】を決める。

❷【根拠】【理由】【意見】を書く。

❸【課題】に対する【結論】を書く。

活動例

例①「モチモチの木」（光村・東書・教出・学図・3年）

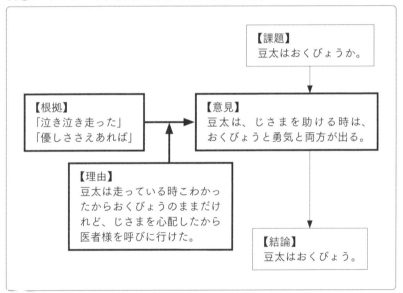

【課題】
豆太はおくびょうか。

【根拠】
「泣き泣き走った」
「優しささえあれば」

【意見】
豆太は、じさまを助ける時は、おくびょうと勇気と両方が出る。

【理由】
豆太は走っている時こわかったからおくびょうのままだけれど、じさまを心配したから医者様を呼びに行けた。

【結論】
豆太はおくびょう。

どんなときに取り入れるか

●話し合いを活性化させたいとき

●「根拠（叙述）」と「理由（自分の経験、既習事項）」とを区別する力を付けたいとき

●作品の解釈を深めさせたいとき

段落を並べ替える

[準備物] 段落別に分けられた説明文の教材をプリントしたもの、ハサミ

○ 教材文の段落構成を具体的な操作を通して考える活動

言語活動の活動手順

❶段落別に分けられた説明的文章のプリントを、段落ごとに切り離す。

❷それをバラバラにして、もとの通りに復元しようとする。

❸筆者の段落意識や文章表現の工夫について考える。

活動例

- 説明文の構成は「はじめ」「なか」「おわり」の基本的な形を取るものが多い。
- **はじめ** 最初の段落は、導入＋問題提起の場合がスタンダードである。どの説明文も基本的には、こうした問題提起（疑問形）に答える形で、順序よく説明が展開される。
- **なか** 説明の中心となる段落は、説明文の本体でもあり、いくつもの段落から構成される。説明の順序は、時系列で展開される場合と、非時系列で展開される場合とがある。時系列の説明文には、「たんぽぽのちえ」（光村・2年）「ウナギの謎を追って」（光村・4年）などの観察を中心にしたものが多く「並べ替え」の活動には、時間の順を考えれば元の通りに復元できる。非時系列の説明には「花を見つける手がかり」（教出・4年）や「すがたをかえる大豆」（光村・3年）などがあり、実験や聞き手の意図によって説明が展開される。「並べ替え」の活動がもっとも力を発揮するのは、後者の場合であり、筆者による文章構成の意図を深く考えさせることができる。
- **おわり** 問題提起（疑問形）を受けて、整合性のある終結部になるように表現が工夫されている。「はじめ」と対照することで、それが納得できる。

　段落の並べ替え活動の意義は、以上のような説明文の構成を、実際に自分の手で操作的に並べかえる活動をすることにある。それによって、実感的・発見的に説明文の文章表現の工夫に気づかせることができる。

　段落の並べ替え活動は、段落を構成した筆者の表現の論理を考えることが目的であり、元の通りに復元できるかどうかはそれほど重要ではない。

どんなときに取り入れるか

●説明的な文章の構成や論理展開を実感的に理解させようとするとき。

●説得的に説明的な文章を書こうとするとき。

文章構成図を作る

[準備物]「問い」「答え」「実験」「事例」等の短冊カード

○ 文章構成や段落相互の関係をとらえる活動

言語活動の活動手順

❶〈問い〉の文と〈答え〉の文に着目し、意味段落をくくる。
　→「中1」「中2」「中3」

❷〈問い〉の文と〈答え〉の文でくくられた全体を「中」としてくくり、「中」
　の前の段落を「はじめ」、「中」の後ろの段落を「終わり」とする。

活動例

例①「ヤドカリとイソギンチャク」（東書・4年）

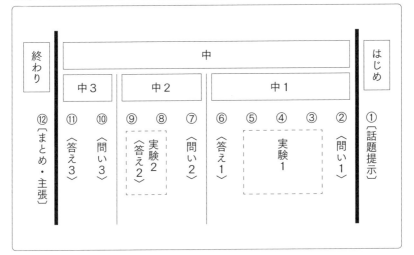

どんなときに取り入れるか

● 文章全体の三部構成を考えさせたいとき

● 意味段落でくくりたいとき

● 形式段落の役割をとらえたいとき

心情曲線図（心のグラフ）

[準備物] 筆記用具、ノート

> ○ 教材の記述を基にして、登場人物の心情の変化を視覚化することを通して、全体の構造（物語の山場）や場面の展開について捉える活動

言語活動の手順例

❶ 登場人物の心の動きをプラス（幸・喜・快・高揚など）やマイナス（不幸・悲・不快・冷静など）をキーワードにして、本文に書き込む。

❷ その場面の様子や人物の会話や、心のつぶやきを、吹き出しに書く。

❸ 心情曲線を見て、読みの交流をする。

活動例

例①「海の命」（光村・東書・6年）▶場面を選んで一人の心情を中心にして書く。

例②「ごんぎつね」（光村・教出・東書4年）▶登場人物二人の心情曲線を作り、比べる。

どんなときに取り入れるか

● ペアやグループで対話をしながら、登場人物の心情の変化を読み取る活動で行うとよい。

● タブレット端末等を活用して、各グループの心情曲線を全体で共有するとよい。

5W1Hワークシート（新聞を読もう）

[準備物] 新聞記事、マーカー

○ 新聞記事など、報道文に書かれている事実を5W1H（いつ・どこで・だれが・なにを・どうして・どのように）に着目して、正確に読み取る活動

言語活動の活動手順

❶ 新聞記事から、5W1Hの6つの要素が分かる言葉を見つけ、マーカーでラインを引く。

❷ 5W1Hを、ワークシートに書き込み、記事に書かれている事実を読み取る。

活動例

新聞記事から読み取る

新聞記事の例

「東京で初雪　例年より8日早い冬の訪れ」

　気象庁は、今朝12月26日に東京地方に初雪を観測したと発表した。例年より8日、昨年より10日早い観測である。

　雪は午後に雨に変わったが、未明から明け方にかけて気温が氷点下に下がるため、明朝の路面凍結等に注意するよう、ホームページでも呼びかけている。

when	いつ	今朝（12月26日）
where	どこで	東京地方
who	だれが	気象庁
what	なにを	初雪の観測を発表した
why	どうして	明朝の路面凍結に注意を呼びかけるため
how	どのように	ホームページを通して

雨雲の天気図や気象庁HPなどを一緒に示す

〔感想〕いつもより10日、去年と比べても8日も早いなんて驚きました。

どんなときに取り入れるか

● テーマを決めて新聞を記事をスクラップブックに集め、事実に対する感想や意見を書き記すとよい。

● 活動を継続的に行うことで、情報を正確に読み取る力が身に付く。

音読記号をつける

[準備物] 教材文を打ち込んだ用紙、色鉛筆、タブレット

○ 句読点に注意したり、人物の気持ちを考えたりしながら、音読記号を付けて、音読を工夫する活動

言語活動の活動手順

❶句点を赤線、読点を青線で区切る。

❷様子を工夫して表現したい箇所に傍線を引く。

　　線／二重線／波線／太線／色の変化（線の意味を約束する）

❸音読の工夫に従って練習し、読みを交流する。

活動例

例「風のゆうびんやさん」（東書・2年）▶**人物の声を想像して音読。**

> ○　風の　ゆうびんやさんは、／風の　じてん車に　のって　やってきます。／／リンリンと　ベルを　ならして、／ひゅうっと　とおりすぎて　いきます。／／
>
> ○「ほう。／となり町に　ひっこしていった、／まごたちからだ。／／みんな元気に　くらして　います、／か。／／うん。／／よかった、／よかった。／／」

①句点、読点がはっきりわかるように、赤・青で区切り線を引く。

②擬音語や擬態語、工夫したい箇所に、傍線を引く。

　　大きな声で／小さな声で／ゆっくり／はやく／だんだん〇〇など

③句点（2つ）読点（1つ）休みを入れて、様子を想像しながら音読する。

④自分の音読を録音したり動画を自撮りたりして、音読の工夫の効果を確かめる。

⑤友達同士で動画を見せ合い、音読を交流する。

※正しく読むことで、物語の情景を正しく表現することができる。

どんなときに取り入れるか

●グループで役割を決めて音読劇を作り、音読発表会を行うとき。

●タブレット端末を使って、自分の音読を確かめたり、友達同士で音読を交流して読みの違いを比べたりするとき。

低学年 中学年 高学年

「音読カード」の活用

[準備物] 教材、筆記用具、ノート、音読カード

○ 音読カードの工夫により、登場人物の様子や心情（物語文）や、論理構造（説明文）などに留意して、文章の表現内容を深く意識して読む活動

言語活動の活動手順

❶ 付けたい力に適合した音読カードを教師が示す。

❷ 学級で話し合って、文章の段落構成を検討し、登場人物（物語文）、問い、答え（説明的文章）などが、音読カードのどの役割の枠に入るかを決める。

❸ 段落の役割によって、音読時に立つ・座る・手を上げるなどの身体動作を変化させることで、どの登場人物（物語文）か、問いと答えの文はどれか（説明文）など段落の役割への意識を高める。

活動例

例①「注文の多い料理店」（東書・学図・5年） ▶登場人物と場面を意識して読む。

※登場人物を意識して読み、語り手はゆっくりはっきり読もう。

教材名	音読する段落	しんしA	しんしB	やまねこ	語り手
注文の多い料理店	①〜㉑	②⑥⑨	③⑦⑩		①④⑤⑧

例②「花を見つける手がかり」（教出・4年） ▶問い、答え、実験の文を意識して読む。

※問い・実験・答えなどを区別して読もう。

教材名	問いの入った段落	実験の段落	答えの段落	それ以外
花を見つける手がかり	②⑦	④⑤⑥⑦⑨⑩⑪⑫⑬	⑦⑭	①③⑧⑮

どんなときに取り入れるか

● 音読を生かして物語文を想像しながら、内容を押さえて読みたいとき。

● 説明的文章の問いと答え、実験などの段落の役割や内容を意識して読みたいとき。

音読の方法

[準備物] 教材、筆記用具、ノート

○ 視写・はさみ読み・指さし読みなどを使って意味を捉えながら、音読できるようになる活動

言語活動の手順

❶ できるだけ多くの文字を覚えてから視写する（単語を意識して視写活動を行う）。

※視写するときに、単語（意味のひとまとまり）とそれが指し示す意味を思い浮かべながら視写する。

❷ 教材を単語あるいは文節ごとに切って（鉛筆で切れ目を入れる）、音読する。

❸ 切れ目を消して、単語あるいは文節ごとにはさみ読みをする。

※低学年用の教科書の教材文は、「文節分かち書き」になっているものが多い。児童自身が「文節分かち書き」を正確にすることは難しいので、文法的な正確さを求める必要はない。教師が手伝うことも重要。単語カードを用意することも可。

活動例 「モチモチの木」（光村・東書・教出・学図・3年）

例① 教材を文節ごとに区切ってから読む。あるいは、あらかじめ「文節分かち書き」にした教材文を用意しておく。

子ども自身で区切ることが難しい場合は、教師や全体と確認しながら進める。

例② 親指と人差し指で挟んだ言葉を読む「はさみ読み」をする。文節より少し長く挟む。

例①の後に行うなど、段階的に音読するひとまとまりを長くしていく。

※例１、２とも、拾い読みにならないよう注意する。

どんなときに取り入れるか

● 一人児童の児童が、内容や構成をつかむ基礎となる音読を、スムーズにできるようにしたいとき

● グループで音読する際に、声を合わせて音読できるようにしたいとき

教材索引

教科書教材以外の作品

学年索引

高学年向け

全学年向け

編著者

- 府川源一郎　日本体育大学　教授
- 春日由香　都留文科大学　教授

編集代表

- 茅野政徳　山梨大学大学院　准教授
- 平井佳江　鎌倉女子大学　准教授
- 澄井俊哉　相模女子大学小学部　副校長
- 佐野 幹　宮城教育大学　准教授

執筆者一覧 ※執筆順　〈令和4年2月現在〉

- 府川源一郎　〈前出〉…… 10〜13, 66〜67, 223
- 春日由香　〈前出〉…… 14〜17, 24〜25, 28〜35, 84〜85, 102〜103, 138〜139, 225
- 安藤浩太　東京都昭島市立光華小学校　教諭…… 20〜21, 36〜37
- 小瀬村良美　長編の会…… 22〜23, 46〜47, 86〜87
- 野中太一　暁星小学校　教諭…… 26〜27, 70〜71, 194〜195, 222, 224
- 曽根朋之　東京学芸大学附属竹早小学校　教諭…… 38〜39, 104〜105
- 石川和彦　山梨大学教育学部附属小学校　教諭…… 40〜43
- 本多真理子　神奈川県横浜市立南小学校　教諭…… 44〜45, 106〜107
- 麻生達也　横浜国立大学教育学部附属横浜小学校　教諭…… 48〜49, 96〜97
- 奥村千絵　神奈川県横浜市立宮谷小学校　教諭…… 50〜51, 54〜55
- 板橋美智恵　神奈川県横浜市立稲荷台小学校　教諭…… 52〜53
- 三輪民子　児童言語研究会…… 56〜59
- 芦川幹弘　長編の会…… 60〜61, 192〜193, 228〜229
- 大久保句子　文教大学非常勤講師…… 62〜63, 92〜93, 128〜129, 136〜137
- 井手次郎　神奈川県秦野市立堀川小学校　教諭…… 64〜65, 90〜91, 132〜133, 226〜227
- 白川 治　横浜国立大学教育学部附属横浜小学校　教諭…… 68〜69, 76〜77
- 鶴巻景子　東京学芸大学教職大学院　特命教授…… 72〜73, 112〜113, 134〜135
- 西野由美　長編の会…… 74〜75
- 羽山智美　神奈川県大和市立北大和小学校　教諭…… 78〜79, 150〜151
- 横田和之　神奈川県横浜市立三保小学校　主幹教諭…… 80〜81
- 乗木養一　長編の会…… 82〜83, 174〜177, 182〜183, 186〜187
- 平井佳江　〈前出〉…… 88〜89
- 藤平剛士　相模女子大学小学部　教諭…… 94〜95, 120〜121
- 山下俊幸　前 関東学院大学　准教授…… 98〜99
- 茅野政徳　〈前出〉…… 100〜101, 116〜117
- 佐藤綾花　東京都渋谷区立富谷小学校　教諭…… 108〜109, 200〜203, 208〜211
- 丹羽正昇　神奈川県横浜市立東汲沢小学校　校長…… 110〜111
- 澄井俊哉　〈前出〉…… 114〜115, 144〜145, 170〜173
- 岸田 薫　神奈川県横浜市教育委員会　主任指導主事…… 118〜119
- 小勝亜希子　相模女子大学小学部　教諭…… 122〜123, 130〜131
- 原 康　神奈川県伊勢原市立高部屋小学校　元校長…… 124〜125, 152〜153, 184〜185, 190〜191, 196〜197
- 小水亮子　神奈川県横浜市教育委員会　指導主事…… 126〜127
- 村上和司　宮城教育大学附属小学校　教諭…… 140〜141, 180〜181
- 小池美幸　宮城教育大学附属小学校　教諭…… 142〜143, 178〜179
- 鐘江ミサ　神奈川県横浜市教育委員会…… 146〜147, 148〜149
- 関野栄子　神奈川県伊勢原市教育委員会…… 154〜169
- 天野悟司　相模女子大学小学部　教諭…… 188〜189
- 小田切治朗　神奈川県横浜市立南小学校　教諭…… 198〜199
- 佐野 幹　〈前出〉…… 204〜207, 212〜219

編著者紹介

府川源一郎

横浜国立大学名誉教授。日本体育大学教授。博士（教育学）

著書：『私たちのことばをつくり出す国語教育』（東洋館出版社、2009 年）／『明治初等国語教科書と子ども読み物に関する研究—リテラシー形成メディアの教育文化史』（ひつじ書房、2013 年）など。

春日　由香

都留文科大学教養学部学校教育学科教授。修士（教育学）

高等学校教員（国語科）1 年間、中学校教員（国語科）2 年間、小学校教員 24 年間を経て、現職。

論文：「児童詩創作指導における『比喩の指導』—児童詩の読み手である教師の役割—」「国語教育史研究　第 20 号」2020 年

長編の会

学校教育における研究と実践の場とを有機的につなぐことを目的に、自立的で継続的な研究活動を 30 年近く続けてきた。これまで東洋館出版社から、以下のような書物を刊行している。

『読書を教室に—「読み」の授業を変えよう』小学校編 1995 年／中学校編 1996 年、『「本の世界」を広げよう—文化を生み出す国語教室』1998 年、『合科的・総合的な学習のための読書関連単元 100 のプラン集』1999 年、『読書関連単元 33 の実践とプラン』2001 年、『認識力を育てる「書き換え」学習』小学校編 2004 年／中学校・高校編 2004 年。

小学校　読むことを楽しむ 言語活動プラン100

2022(令和4)年3月31日　初版第1刷発行

編著者　　府川源一郎・春日由香・長編の会

発行者　　錦織圭之介

発行所　　株式会社　東洋館出版社
　　　　　営業部　TEL:03-3823-9206
　　　　　　　　　FAX:03-3823-9208
　　　　　編集部　TEL:03-3823-9207
　　　　　　　　　FAX:03-3823-9209
　　　　　振　替　00180-7-96823
　　　　　URL　　https://www.toyokan.co.jp

［装　丁］　中濱健治
［イラスト］　すずき匠（株式会社オセロ）
［印刷・製本］　岩岡印刷株式会社
ISBN978-4-491-04375-3／Printed in Japan